헤럴드 선정 영어회화인강 1위
YES24 영어회화 부문 베스트셀러
이용자가 선택한 우수 콘텐츠 서비스

왕초보 영어탈출 해커스톡

기초회화 전문가 **안젤라 선생님**　　　기초회화 전문가 **더글라스 선생님**

[영어회화인강 1위] 헤럴드 선정 2018 대학생 선호 브랜드 대상 '영어회화 인강' 부문 1위(2018.01.02.), [베스트셀러] YES24 국어 외국어 사전 분야 영어회화/생활영어 부문(2017년 3월 월별 베스트 기준), [우수 콘텐츠] 과학기술정보통신부 주최 한국데이터진흥원 인증 우수 콘텐츠서비스(2017.09.01.)

영어 잘하는 사람은 쉬운 영어가 자동발사!

10분 집중
최적의 집중 시간 15분
그보다 짧은
10분 강의로 집중력 UP!

패턴 연상
하나의 패턴만으로
수십 개 문장 만들기
짧고 긴 모든 문장을
패턴 하나로

반복 훈련
학습자와 끊임없이
소통하며 복습하는 강의
기억력을 높여주는
4단계 반복 학습

쉬운 영어
실생활에서 주로 쓰는
쉬운 단어와 예문 학습
왕초보도 쉬운 영어로
실생활 회화까지 끝!

해커스톡 자동발사영어 100% 활용방법

교재 무료 동영상강의 [일부 강의 무료제공]
1. 해커스톡 사이트(HackersTalk.co.kr)에 접속 후 로그인합니다.
2. 사이트 상단 탭의 [무료강의/자료 → 해커스톡TV]를 클릭하여 본 교재 강의를 수강합니다.

교재 무료 MP3
1. 해커스톡 사이트(HackersTalk.co.kr)에 접속 후 로그인합니다.
2. 사이트 상단 탭의 [무료강의/자료 → 무료 자료/MP3]를 클릭해 주세요.
3. [무료 MP3/자료] 중, 본 교재의 '예문음성/복습용 MP3'를 클릭하여 다운로드합니다.

무료 레벨테스트
1. 해커스톡 사이트(HackersTalk.co.kr)에 접속합니다.
2. 사이트 상단 탭의 [무료 레벨테스트]를 클릭하여 이용합니다.

레벨테스트 바로 가기 ▶

해커스톡 자동발사영어 팟캐스트
1. 팟빵 사이트(www.Podbbang.com)혹은 어플이나, 아이폰 Podcast 어플에서 '해커스톡'을 검색합니다.
2. [해커스톡 자동발사영어]를 클릭하여 이용합니다.

팟빵에서 팟캐스트 들어보기 ▶

초판 7쇄 발행	2023년 1월 2일
초판 1쇄 발행	2016년 12월 8일

지은이	해커스 어학연구소
펴낸곳	(주)해커스 어학연구소
펴낸이	해커스 어학연구소 출판팀

주소	서울특별시 서초구 강남대로61길 23 (주)해커스 어학연구소
고객센터	02-566-0001
교재 관련 문의	publishing@hackers.com
동영상강의	HackersTalk.co.kr

ISBN	978-89-6542-205-1 (13740)
Serial Number	01-07-01

저작권자 ⓒ 2016, 해커스 어학연구소
이 책 및 음성파일의 모든 내용, 이미지, 디자인, 편집 형태에 대한 저작권은
저자에게 있습니다. 서면에 의한 저자와 출판사의 허락 없이 내용의 일부 혹은 전부를
인용, 발췌하거나 복제, 배포할 수 없습니다.

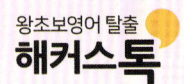

해커스톡(HackersTalk.co.kr)
· 패턴 학습법으로 누구나 쉽게 말하는 **자동발사영어 강의** 제공
· 따라 해도 영어 말문이 트이는 **교재 예문음성 MP3 무료** 제공
· 체계적인 학습 커리큘럼으로 **단계별 실력 완성** 가능

해커스톡 영어회화 시리즈

에코잉 학습법으로 영어 자동발사
해커스톡 자동발사영어

"가이드 없이 자유롭게 해외여행 하고 싶어요."

"외국 고객에게 안부인사를 할 수 있었으면 좋겠어요."

"유치원생 손자에게 영어 할 줄 아는 멋진 할머니가 되고 싶네요."

"쉽게, 바로, 자유롭게"
우리는 영어를 말하고 싶어하죠.

해커스 자동발사영어와 함께라면,
문법이나 어려운 단어를 몰라도 영어로 말할 수 있어요!

"교환학생 가기 전, 영어울렁증 극복하고 싶습니다."

"아이 초등학교 입학 전 영어 정도는 제가 직접 봐주고 싶어요."

에코잉 학습법으로 영어 자동발사!

어릴 때 영어 공부 참 열심히 했는데도 **영어 말하기는** 늘 어렵기만 하죠.
정작 영어로 말해야 하는 상황이 오면 머리 속이 뒤죽박죽이 되면서 간단한 말 한마디도 입 밖으로 꺼내기가 참 어려워요.

에코잉 학습법으로 따라만 하면 영어가 자동으로 발사 돼요!

에코잉 학습법이란?
선생님이나 원어민의 음성을 듣고 메아리처럼 따라하는 학습법으로, 따라하기만 하면 자신도 모르게 문장의 내용을 귀로 듣고, 뇌로 이해하게 되는 동시에 발음이 교정된다. 이 학습법을 따라 훈련하다보면, 내가 생각하는 문장이 바로 영어로 나오게 된다.

이렇게 학습하세요

 따라하며 톡!

영어 문장을 큰 소리로 따라하며 영어 문장이 자동 발사 될 때까지 에코잉 해 보세요. 실제로 이 문장이 쓰이는 상황들과 함께 학습해 보세요.

 자동발사 톡!

주어진 상황을 떠올리며 우리말만 보고 영어로 자동발사 해 보세요. 자신도 모르게 영어가 자동발사가 될 수 있도록 합니다.

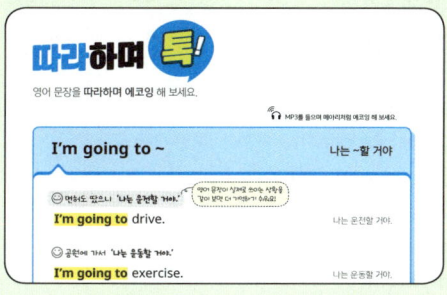

목차

DAY 01 나는 돈을 저축할 거야. 7
I'm going to save money. 나는 ~할 거야

DAY 02 나는 수영하지 않을 거야. 15
I'm not going to swim. 나는 ~하지 않을 거야

DAY 03 너는 계속 있을 거니? 23
Are you going to stay? 너는 ~할 거니?

DAY 04 나는 말을 타본 적 있어. 31
I've ridden a horse. 나는 ~해본 적 있어

DAY 05 나는 한 번도 실패해본 적 없어. 39
I've never fail*ed*. 나는 한 번도 ~해본 적 없어

DAY 06 너는 아프리카를 방문해본 적 있니? 47
Have you visit*ed* Africa? 너는 ~해본 적 있니?

DAY 07 나는 (지금까지) 10년 동안 여기서 살았어. 53
I've liv*ed* here *for* ten years. 나는 (지금까지) … 동안 ~했어

DAY 08 나는 1977년 이후로 (지금까지) 여행 안 했어. 61
I haven't travel*ed since* 1977. 나는 … 이후로 (지금까지) ~ 안 했어

DAY 09 너는 (지금까지) 얼마나 오래 연습했니? 69
How long have you practic*ed*? 너는 (지금까지) 얼마나 오래 ~했니?

DAY 10 나는 그 카페에 있어. 77
I'm in the café. 나는 …에 있어

DAY 11 나는 그 사무실에 없었어. 85
I wasn't in the office. 나는 …에 없었어

DAY 12 나는 그 공원에서 출발할 거야. 93
I'll start at the park. 나는 …에서 ~할 거야

DAY 13 나는 내 엄마에게 답장해야 해. 101
I should reply to my mom. 나는 …에게/…로 ~해야 해

DAY 14 나는 의사로부터 그걸 들었어. 109
I heard it from a doctor. 나는 …로부터 ~했어

DAY 15 나는 내 동생을 위해 싸울 거야. 117
I'll fight for my brother. 나는 …을 위해 ~할 거야

해커스톡 자동발사영어
레벨업 길게 말하기 1탄

DAY 16 나는 내 친구들과 그 파티를 즐겼어. 125
I enjoyed the party **with** my friends. 나는 …와/…으로 ~했어

DAY 17 나는 그녀에 대해 너에게 말해줄 수 있어. 133
I can tell you **about** her. 나는 …에 대해 ~할 수 있어

DAY 18 나는 너 때문에 내 헤어스타일을 바꿨어. 141
I changed my hairstyle **because of** you. 나는 … 때문에 ~했어

DAY 19 나는 그 대신 네가 필요할지도 몰라. 149
I might need you **instead of** him. 나는 … 대신 ~할지도 몰라

DAY 20 나는 내 휴대폰과 열쇠를 잃어버렸어. 157
I lost my phone **and** key. 나는 …와 …을 ~했어

DAY 21 나는 초콜릿이나 케이크를 만들 거야. 165
I'll make chocolate **or** a cake. 나는 …이나 …을 ~할 거야

DAY 22 나는 택시를 탔지만 늦었어. 171
I took a taxi, **but** I was late. 나는 ~했지만 …했어

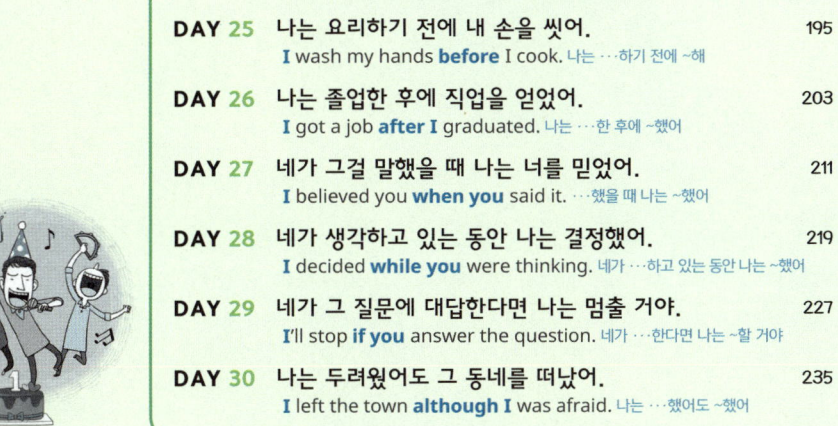

DAY 23 나는 그 시험을 통과해서 행복했어. 179
I passed the test, **so** I was happy. 나는 ~해서 …했어

DAY 24 나는 화가 났기 때문에 그 문을 잠갔어. 187
I locked the door **because** I was angry. 나는 …했기 때문에 ~했어

DAY 25 나는 요리하기 전에 내 손을 씻어. 195
I wash my hands **before** I cook. 나는 …하기 전에 ~해

DAY 26 나는 졸업한 후에 직업을 얻었어. 203
I got a job **after** I graduated. 나는 …한 후에 ~했어

DAY 27 네가 그걸 말했을 때 나는 너를 믿었어. 211
I believed you **when you** said it. …했을 때 나는 ~했어

DAY 28 네가 생각하고 있는 동안 나는 결정했어. 219
I decided **while you** were thinking. 네가 …하고 있는 동안 나는 ~했어

DAY 29 네가 그 질문에 대답한다면 나는 멈출 거야. 227
I'll stop **if you** answer the question. 네가 …한다면 나는 ~할 거야

DAY 30 나는 두려웠어도 그 동네를 떠났어. 235
I left the town **although** I was afraid. 나는 …했어도 ~했어

DAY 01

나는 돈을 저축할 거야.
I'm going to save money.   나는 ~할 거야

오오 저 아름다운 자태...!
내가 널 연주해주고 말겠어.
저 기타를 사기 위해서
나는 돈을 저축할 거야.
I'm going to save money.

이렇게 말해요!

'돈을 저축해'는 save money, '나는 돈을 저축할 거야'는 그 앞에 **I'm going to** 를 붙이면 돼요.

- 나는 돈을 저축**할 거야**.   **I'm going to** save money.

따라하며 톡!

영어 문장을 **따라하며 에코잉** 해 보세요.

🎧 MP3를 들으며 메아리처럼 에코잉 해 보세요.

I'm going to ~   나는 ~할 거야

☺ 면허도 땄으니 '나는 운전할 거야.'
I'm going to drive.   나는 운전할 거야.

> 영어 문장이 실제로 쓰이는 상황을 같이 보면 더 기억하기 쉬워요!

☺ 공원에 가서 '나는 운동할 거야.'
I'm going to exercise.   나는 운동할 거야.

☺ 저 앞에서 '나는 택시를 탈 거야.'
I'm going to take a taxi.   나는 택시를 탈 거야.

☺ 밥 먹고 '나는 축구를 할 거야.'
I'm going to play soccer.   나는 축구를 할 거야.

☺ 그가 오기 전에 '나는 저녁을 준비할 거야.'
I'm going to prepare dinner.   나는 저녁을 준비할 거야.

☺ 지금 바로 '나는 그 일을 시작할 거야.'
I'm going to start the work.   나는 그 일을 시작할 거야.

☹ 환기해야겠어. '나는 그 창문을 열 거야.'
I'm going to open the window. 나는 그 창문을 열 거야.

---

exercise [엑써싸이즈] 운동하다   **soccer** [싸커] 축구   **prepare** [프리페어] 준비하다

우리말만 보고 영어로 **자동발사** 해 보세요.

🎧 MP3를 들으며 자동발사가 되는지 확인해 보세요.

| 나는 ~할 거야 | **I'm going to ~** |

면허도 땄으니
나는 운전할 거야.   📢 I'm going to drive.

공원에 가서
나는 운동할 거야.

저 앞에서
나는 택시를 탈 거야.

밥 먹고
나는 축구를 할 거야.

그가 오기 전에
나는 저녁을 준비할 거야.

지금 바로
나는 그 일을 시작할 거야.

환기해야겠어.
나는 그 창문을 열 거야.

영어 문장을 **따라하며 에코잉** 해 보세요.

🎧 MP3를 들으며 메아리처럼 에코잉 해 보세요.

He's going to ~   그는 ~할 거야

☺ 우리는 뒤에 타고 '그는 운전할 거야.'
He's going to drive.   그는 운전할 거야.

☺ 퇴근 후 바로 '그는 운동할 거야.'
He's going to exercise.   그는 운동할 거야.

☺ 집에 돌아갈 때 '그는 택시를 탈 거야.'
He's going to take a taxi.   그는 택시를 탈 거야.

☺ 숙제를 마치면 '그는 축구를 할 거야.'
He's going to play soccer.   그는 축구를 할 거야.

☺ 어머니 생신이라 '그는 저녁을 준비할 거야.'
He's going to prepare dinner.   그는 저녁을 준비할 거야.

☺ 내일부터 '그는 그 일을 시작할 거야.'
He's going to start the work.   그는 그 일을 시작할 거야.

☹ 분명히 덥다면서 '그는 그 창문을 열 거야.'
He's going to open the window.   그는 그 창문을 열 거야.

exercise [엑써싸이즈] 운동하다   **soccer** [싸커] 축구   **prepare** [프리페어] 준비하다

우리말만 보고 영어로 **자동발사** 해 보세요.

🎧 MP3를 들으며 자동발사가 되는지 확인해 보세요.

| 그는 ~할 거야 | He's going to ~ |

우리는 뒤에 타고
그는 운전할 거야. 📢 He's going to drive.

퇴근 후 바로
그는 운동할 거야. 📢

집에 돌아갈 때
그는 택시를 탈 거야. 📢

숙제를 마치면
그는 축구를 할 거야. 📢

어머니 생신이라
그는 저녁을 준비할 거야. 📢

내일부터
그는 그 일을 시작할 거야. 📢

분명히 덥다면서
그는 그 창문을 열 거야. 📢

영어 문장을 따라하며 에코잉 해 보세요.

MP3를 들으며 메아리처럼 에코잉 해 보세요.

We're going to ~   우리는 ~할 거야

😊 교대로 '우리는 운전할 거야.'
We're going to drive.   우리는 운전할 거야.

😊 앞으로 매일 '우리는 운동할 거야.'
We're going to exercise.   우리는 운동할 거야.

☹️ 짐이 많아서 '우리는 택시를 탈 거야.'
We're going to take a taxi.   우리는 택시를 탈 거야.

😊 토요일 아침에 '우리는 축구를 할 거야.'
We're going to play soccer.   우리는 축구를 할 거야.

😊 장을 본 다음에 '우리는 저녁을 준비할 거야.'
We're going to prepare dinner.   우리는 저녁을 준비할 거야.

😊 회의가 끝나면 '우리는 그 일을 시작할 거야.'
We're going to start the work.   우리는 그 일을 시작할 거야.

😐 청소하기 전에 '우리는 그 창문을 열 거야.'
We're going to open the window.   우리는 그 창문을 열 거야.

---

exercise [엑써싸이즈] 운동하다   soccer [싸커] 축구   prepare [프뤼페어] 준비하다

자동발사 톡!

우리말만 보고 영어로 **자동발사** 해 보세요.

🎧 MP3를 들으며 자동발사가 되는지 확인해 보세요.

우리는 ~할 거야   We're going to ~

교대로
우리는 운전할 거야.   📢 We're going to drive.

앞으로 매일
우리는 운동할 거야.   📢

짐이 많아서
우리는 택시를 탈 거야.   📢

토요일 아침에
우리는 축구를 할 거야.   📢

장을 본 다음에
우리는 저녁을 준비할 거야.   📢

회의가 끝나면
우리는 그 일을 시작할 거야.   📢

청소하기 전에
우리는 그 창문을 열 거야.   📢

일상에서 쓰는 진짜 영어, 쉬운 영어!

1월 1일

 엄마
> 딸~

딸
> 네 엄마~!

 엄마
> 요즘 엄마가 영어 회화 공부를 하고 있잖니 그런데 궁금한 게 있어서 말이야~
>
> 나는 해낼 거야! 이런 말은 어떻게 해야 하니? 사전 찾아보니까 Accomplish? Achieve?라던데…

딸
> 아 그럴 때 딱 맞는 표현이 있어요!
> **I'm going to make it!** 나는 해낼 거야!
>
> Make it이 '해내다'란 뜻이에요

 엄마
> 호호 고마워 딸~
>
> 우리 딸 최고~!! ^^

보내기

DAY 02

나는 수영하지 않을 거야.
I'm not going to swim.   나는 ~하지 않을 거야

이번 여름엔 구릿빛 피부를 꼭 만들 거야!
그러니깐 너 혼자 가서 수영해~
난 저쪽에 가서 선탠이나 하고 있을게.
나는 수영하지 않을 거야.
I'm not going to swim.

이렇게 말해요!

'수영해'는 swim, '나는 수영하지 않을 거야'는 그 앞에 I'm not going to를 붙이면 돼요.

· 나는 수영하지 않을 거야.   **I'm not going to** swim.

따라하며 톡!

영어 문장을 따라하며 에코잉 해 보세요.

🎧 MP3를 들으며 메아리처럼 에코잉 해 보세요.

I'm not going to ~   나는 ~하지 않을 거야

😊 너한테만은 '나는 거짓말하지 않을 거야.'
> 영어 문장이 실제로 쓰이는 상황을 같이 보면 더 기억하기 쉬워요!

I'm not going to lie.   나는 거짓말하지 않을 거야.

☹️ 네가 날 떠나도 '나는 기다리지 않을 거야.'
I'm not going to wait.   나는 기다리지 않을 거야.

😊 무슨 일이 있어도 '나는 멈추지 않을 거야.'
I'm not going to stop.   나는 멈추지 않을 거야.

😐 사놓고 안 쓸 게 뻔해. '나는 그걸 사지 않을 거야.'
I'm not going to buy it.   나는 그걸 사지 않을 거야.

😊 당분간 '나는 TV를 보지 않을 거야.'
I'm not going to watch TV.   나는 TV를 보지 않을 거야.

😊 날씨가 추워서 '나는 자전거를 타지 않을 거야.'
I'm not going to ride a bicycle.   나는 자전거를 타지 않을 거야.

😊 자신 있어. '나는 그 경기를 지지 않을 거야.'
I'm not going to lose the game.   나는 그 경기를 지지 않을 거야.

lie [라이] 거짓말하다   ride [라이드] 타다   bicycle [바이씨클] 자전거   lose [루즈] 지다

우리말만 보고 영어로 **자동발사** 해 보세요.

🎧 MP3를 들으며 자동발사가 되는지 확인해 보세요.

나는 ~하지 않을 거야   I'm not going to ~

너한테만은
나는 거짓말하지 않을 거야.   📢 I'm not going to lie.

네가 날 떠나도
나는 기다리지 않을 거야.

무슨 일이 있어도
나는 멈추지 않을 거야.

사놓고 안 쓸 게 뻔해.
나는 그걸 사지 않을 거야.

당분간
나는 TV를 보지 않을 거야.

날씨가 추워서
나는 자전거를 타지 않을 거야.

자신 있어.
나는 그 경기를 지지 않을 거야.

영어 문장을 **따라하며** 에코잉 해 보세요.

MP3를 들으며 메아리처럼 에코잉 해 보세요.

She's not going to ~   그녀는 ~하지 않을 거야

😊 정직한 사람이라 '그녀는 거짓말하지 않을 거야.'
She's not going to lie.   그녀는 거짓말하지 않을 거야.

😊 칼 같은 성격이거든. '그녀는 기다리지 않을 거야.'
She's not going to wait.   그녀는 기다리지 않을 거야.

☹️ 사과받기 전까지 '그녀는 멈추지 않을 거야.'
She's not going to stop.   그녀는 멈추지 않을 거야.

😊 다른 걸 이미 사서 '그녀는 그걸 사지 않을 거야.'
She's not going to buy it.   그녀는 그걸 사지 않을 거야.

😐 너무 피곤하대. '그녀는 TV를 보지 않을 거야.'
She's not going to watch TV.   그녀는 TV를 보지 않을 거야.

😊 눈이 와서 '그녀는 자전거를 타지 않을 거야.'
She's not going to ride a bicycle.   그녀는 자전거를 타지 않을 거야.

😊 긴장만 하지 않으면 '그녀는 그 경기를 지지 않을 거야.'
She's not going to lose the game.   그녀는 그 경기를 지지 않을 거야.

lie [라이] 거짓말하다   ride [라이드] 타다   bicycle [바이씨클] 자전거   lose [루즈] 지다

자동발사 톡!

우리말만 보고 **자동발사** 해 보세요.

🎧 MP3를 들으며 자동발사가 되는지 확인해 보세요.

| 그녀는 ~하지 않을 거야 | **She's not going to ~** |

정직한 사람이라
그녀는 거짓말하지 않을 거야.   📢 She's not going to lie.

칼 같은 성격이거든.
그녀는 기다리지 않을 거야.   📢

사과받기 전까지
그녀는 멈추지 않을 거야.   📢

다른 걸 이미 사서
그녀는 그걸 사지 않을 거야.   📢

너무 피곤하대.
그녀는 TV를 보지 않을 거야.   📢

눈이 와서
그녀는 자전거를 타지 않을 거야.   📢

긴장만 하지 않으면
그녀는 그 경기를 지지 않을 거야.   📢

영어 문장을 **따라하며** 에코잉 해 보세요.

🎧 MP3를 들으며 메아리처럼 에코잉 해 보세요.

They're not going to ~   그들은 ~하지 않을 거야

😊 워낙 착해서 '그들은 거짓말하지 않을 거야.'
They're not going to lie.   그들은 거짓말하지 않을 거야.

😐 절대 늦으면 안 돼. '그들은 기다리지 않을 거야.'
They're not going to wait.   그들은 기다리지 않을 거야.

😊 성공할 때까지 '그들은 멈추지 않을 거야.'
They're not going to stop.   그들은 멈추지 않을 거야.

😊 별로라는 것 같던데? '그들은 그걸 사지 않을 거야.'
They're not going to buy it.   그들은 그걸 사지 않을 거야.

😊 숙제 끝내기 전에는 '그들은 TV를 보지 않을 거야.'
They're not going to watch TV.   그들은 TV를 보지 않을 거야.

😟 사람이 너무 많아서 '그들은 자전거를 타지 않을 거야.'
They're not going to ride a bicycle.   그들은 자전거를 타지 않을 거야.

😊 얼마나 연습했는데! '그들은 그 경기를 지지 않을 거야.'
They're not going to lose the game.   그들은 그 경기를 지지 않을 거야.

lie [라이] 거짓말하다   **ride** [라이드] 타다   **bicycle** [바이씨클] 자전거   **lose** [루즈] 지다

우리말만 보고 영어로 **자동발사** 해 보세요.

🎧 MP3를 들으며 자동발사가 되는지 확인해 보세요.

그들은 ~하지 않을 거야　　　They're not going to ~

워낙 착해서
그들은 거짓말하지 않을 거야.　📢 They're not going to lie.

절대 늦으면 안 돼.
그들은 기다리지 않을 거야.

성공할 때까지
그들은 멈추지 않을 거야.

별로라는 것 같던데?
그들은 그걸 사지 않을 거야.

숙제 끝내기 전에는
그들은 TV를 보지 않을 거야.

사랑이 너무 많아서
그들은 자전거를 타지 않을 거야.

얼마나 연습했는데!
그들은 그 경기를 지지 않을 거야.

일상에서 쓰는 진짜 영어, 쉬운 영어!

4월 2일

성주
자기야~ 우리 오븐 사면 안 돼?

 혜정
사놓고 안 쓸 게 뻔해
I'm not going to buy it.
나는 그걸 사지 않을 거야.

러닝머신, 녹즙기, 빙수기...

다 필요하대서 샀더니 하나도 안 쓰잖아!

성주
아 여보~ 이번엔 안 그럴게!

 혜정

                                                                 보내기

DAY 03

너는 계속 있을 거니?
Are you going to stay?   너는 ~할 거니?

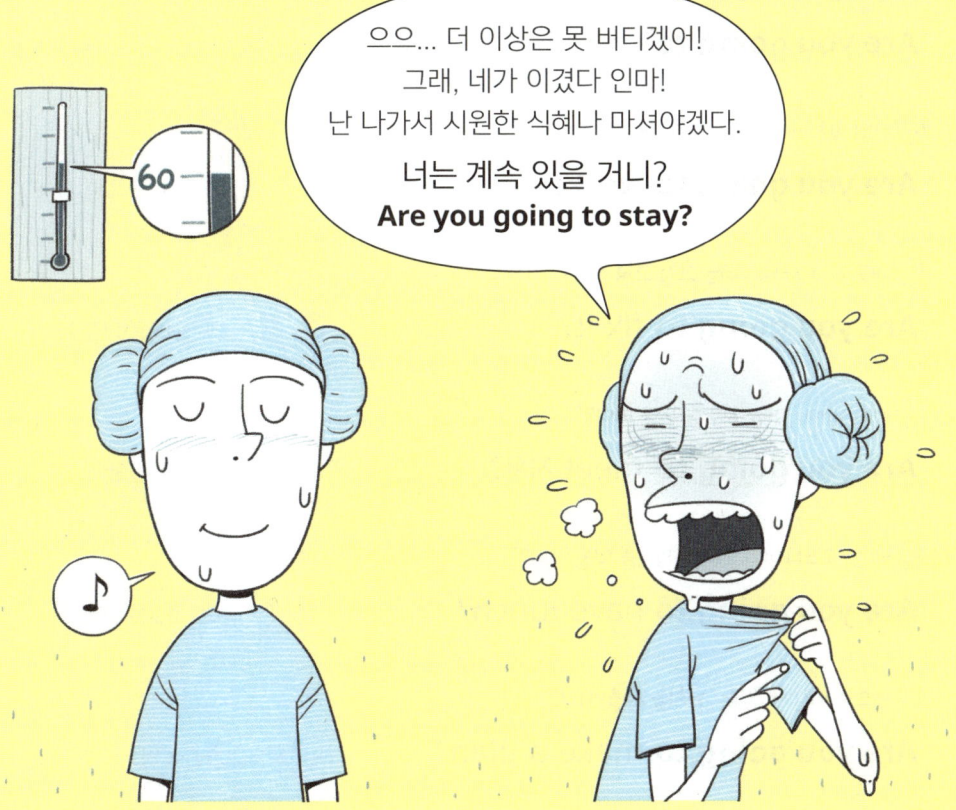

이렇게 말해요!

'계속 있어'는 stay, '너는 계속 있을 거니?'는 그 앞에 **Are you going to**를 붙이면 돼요.

- 너는 계속 있을 거니?   **Are you going to** stay?

영어 문장을 **따라하며 에코잉** 해 보세요.

MP3를 들으며 메아리처럼 에코잉 해 보세요.

Are you going to ~? 너는 ~할 거니?

영어 문장이 실제로 쓰이는 상황을 같이 보면 더 기억하기 쉬워요!

😊 일찍 끝나면 '너는 올 거니?'
Are you going to come? 너는 올 거니?

😞 이번 방학에도 '너는 일할 거니?'
Are you going to work? 너는 일할 거니?

😐 새로 하나 사지, '너는 그걸 고칠 거니?'
Are you going to fix it? 너는 그걸 고칠 거니?

😊 이따 밤에 '너는 지우를 만날 거니?'
Are you going to meet 지우? 너는 지우를 만날 거니?

🙂 배 안 고프다더니, '너는 점심을 먹을 거니?'
Are you going to have lunch? 너는 점심을 먹을 거니?

😊 앞으로 뭐할지 '너는 계획을 세울 거니?'
Are you going to make a plan? 너는 계획을 세울 거니?

😟 나는 치킨 먹고 싶은데, '너는 피자를 주문할 거니?'
Are you going to order pizza? 너는 피자를 주문할 거니?

---

fix [픽스] 고치다   make a plan [메이크 어 플랜] 계획을 세우다   order [오더] 주문하다

우리말만 보고 영어로 **자동발사** 해 보세요.

🔊 MP3를 들으며 자동발사가 되는지 확인해 보세요.

너는 ~할 거니? **Are you going to ~?**

일찍 끝나면
너는 올 거니?   📢 Are you going to come?

이번 방학에도
너는 일할 거니?   📢

새로 하나 사지,
너는 그걸 고칠 거니?   📢

이따 밤에
너는 지우를 만날 거니?   📢

배 안 고프다더니,
너는 점심을 먹을 거니?   📢

앞으로 뭐할지
너는 계획을 세울 거니?   📢

나는 치킨 먹고 싶은데,
너는 피자를 주문할 거니?   📢

영어 문장을 **따라하며** 에코잉 해 보세요.

MP3를 들으며 메아리처럼 에코잉 해 보세요.

Are they going to ~?   그들은 ~할 거니?

😊 유나 생일파티에 '그들은 올 거니?'
Are they going to come?   그들은 올 거니?

☹ 밤을 새면서까지 '그들은 일할 거니?'
Are they going to work?   그들은 일할 거니?

☹ 또 고장 났대? '그들은 그걸 고칠 거니?'
Are they going to fix it?   그들은 그걸 고칠 거니?

😊 퇴근하고 '그들은 지우를 만날 거니?'
Are they going to meet 지우?   그들은 지우를 만날 거니?

😊 회의 끝나고 '그들은 점심을 먹을 거니?'
Are they going to have lunch?   그들은 점심을 먹을 거니?

😊 휴가 때 어디 갈지 '그들은 계획을 세울 거니?'
Are they going to make a plan?   그들은 계획을 세울 거니?

😊 살 뺀다더니, '그들은 피자를 주문할 거니?'
Are they going to order pizza?   그들은 피자를 주문할 거니?

fix [픽스] 고치다   make a plan [메이크 어 플랜] 계획을 세우다   order [오더] 주문하다

우리말만 보고 영어로 **자동발사** 해 보세요.

🎧 MP3를 들으며 자동발사가 되는지 확인해 보세요.

그들은 ~할 거니?   Are they going to ~?

유나 생일파티에
그들은 올 거니?   📣 Are they going to come?

밤을 새면서까지
그들은 일할 거니?   📣 Are they going to work?

또 고장 났대?
그들은 그걸 고칠 거니?   📣 Are they going to fix it?

퇴근하고
그들은 지우를 만날 거니?   📣 Are they going to meet Jiwoo?

회의 끝나고
그들은 점심을 먹을 거니?   📣 Are they going to have lunch?

휴가 때 어디 갈지
그들은 계획을 세울 거니?   📣 Are they going to make a plan?

살 뺀다더니,
그들은 피자를 주문할 거니?   📣 Are they going to order pizza?

영어 문장을 **따라하며** 에코잉 해 보세요.

🎧 MP3를 들으며 메아리처럼 에코잉 해 보세요.

Is 민지 going to ~?   민지는 ~할 거니?

☺ 누구누구 초대했어? '민지는 올 거니?'
Is 민지 going to come?   민지는 올 거니?

☹ 오늘도 늦게까지 '민지는 일할 거니?'
Is 민지 going to work?   민지는 일할 거니?

😐 비용이 꽤 들 텐데, '민지는 그걸 고칠 거니?'
Is 민지 going to fix it?   민지는 그걸 고칠 거니?

☹ 둘이 싸웠다면서, '민지는 지우를 만날 거니?'
Is 민지 going to meet 지우?   민지는 지우를 만날 거니?

☺ 우리랑 같이 '민지는 점심을 먹을 거니?'
Is 민지 going to have lunch?   민지는 점심을 먹을 거니?

☺ 새해를 맞아 '민지는 계획을 세울 거니?'
Is 민지 going to make a plan?   민지는 계획을 세울 거니?

☺ 이 늦은 시간에 '민지는 피자를 주문할 거니?'
Is 민지 going to order pizza?   민지는 피자를 주문할 거니?

---

fix [픽스] 고치다   **make a plan** [메이크 어 플랜] 계획을 세우다   **order** [오더] 주문하다

우리말만 보고 영어로 **자동발사** 해 보세요.

🎧 MP3를 들으며 자동발사가 되는지 확인해 보세요.

민지는 ~할 거니?   **Is 민지 going to ~?**

누구누구 초대했어?
민지는 올 거니?   📢 Is 민지 going to come?

오늘도 늦게까지
민지는 일할 거니?

비용이 꽤 들 텐데,
민지는 그걸 고칠 거니?

둘이 싸웠다면서,
민지는 지우를 만날 거니?

우리랑 같이
민지는 점심을 먹을 거니?

새해를 맞아
민지는 계획을 세울 거니?

이 늦은 시간에
민지는 피자를 주문할 거니?

일상에서 쓰는 진짜 영어, 쉬운 영어!

10월 15일

 재훈
오늘 퇴근하고 한잔하기로 했는데

일찍 끝나면
Are you going to come? 너는 올 거니?

상현
아니... 나 당분간 술 끊으려고

 재훈
갑자기 왜!!

상현
얼마 전에 술 마시고 아내한테
아줌마는 누구냐고 했다가 쫓겨날 뻔;;

재훈
ㅋㅋㅋㅋㅋㅋㅋㅋ

보내기

DAY 04

나는 말을 타본 적 있어.
I've ridden a horse.   나는 ~해본 적 있어

에이, 무섭긴 뭐가 무서워~
제주도에 왔으면 말은 한번 타봐야지!
걱정하지 마~ 별거 아니라니까?
나는 말을 타본 적 있어.
I've ridden a horse.

이렇게 말해요!

'나는 말을 타'는 I ride a horse, '나는 말을 타본 적 있어'는 ride 대신 **have ridden**을 사용하면 돼요. I have는 I've로 줄여서 말해요.

- 나는 말을 **타본 적 있어.**   **I have ridden** a horse.
                                I've ridden a horse.

★ '~해본 적 있어'라고 말할 때 have 뒤에 과거분사(p.p.)를 써요. 과거분사는 행동에 ed를 붙이거나, ridden처럼 다른 단어(불규칙 동사)로 바꿔서 사용해요.

　　　과거　과거분사　　　　　　　　　　　과거　과거분사
· visit – visited – visited　　　　　· ride – rode – ridden

영어 문장을 **따라하며** 에코잉 해 보세요.

🎧 MP3를 들으며 메아리처럼 에코잉 해 보세요.

I've -ed
나는 ~해본 적 있어

> 영어 문장이 실제로 쓰이는 상황을 같이 보면 더 기억하기 쉬워요!

😊 가족들이랑 '나는 부산을 방문해본 적 있어.'
I've visited 부산.   나는 부산을 방문해본 적 있어.

😊 운전 학원에서 '나는 트럭을 운전해본 적 있어.'
I've driven a truck.   나는 트럭을 운전해본 적 있어.

😊 동물원에서 '나는 원숭이를 본 적 있어.'
I've seen a monkey.   나는 원숭이를 본 적 있어.

😊 영화로 나오기 전에 '나는 해리포터를 읽어본 적 있어.'
I've read Harry Potter.   나는 해리포터를 읽어본 적 있어.

😊 예전에 '나는 마라톤을 시도해본 적 있어.'
I've tried a marathon.   나는 마라톤을 시도해본 적 있어.

😊 넌 처음 듣니? '나는 전에 그걸 들어본 적 있어.'
I've heard it before.   나는 전에 그걸 들어본 적 있어.

😊 직접 보면 더 예뻐. '나는 전에 그녀를 만나본 적 있어.'
I've met her before.   나는 전에 그녀를 만나본 적 있어.

driven [드뤼븐] drive의 과거분사   **seen** [씬] see의 과거분사

우리말만 보고 영어로 **자동발사** 해 보세요.

🎧 MP3를 들으며 자동발사가 되는지 확인해 보세요.

나는 ~해본 적 있어   I've -ed

가족들이랑
나는 부산을 방문해본 적 있어.   📣 I've visited 부산.

운전 학원에서
나는 트럭을 운전해본 적 있어.

동물원에서
나는 원숭이를 본 적 있어.

영화로 나오기 전에
나는 해리포터를 읽어본 적 있어.

예전에
나는 마라톤을 시도해본 적 있어.

넌 처음 듣니?
나는 전에 그걸 들어본 적 있어.

직접 보면 더 예뻐.
나는 전에 그녀를 만나본 적 있어.

영어 문장을 **따라하며** 에코잉 해 보세요.

🎧 MP3를 들으며 메아리처럼 에코잉 해 보세요.

He's -ed   그는 ~해본 적 있어

😊 몇 년 전쯤 '그는 부산을 방문해본 적 있어.'
He's visited 부산.   그는 부산을 방문해본 적 있어.
↳ He has는 He's로 줄여서 말해요.

😊 군대에 있을 때 '그는 트럭을 운전해본 적 있어.'
He's driven a truck.   그는 트럭을 운전해본 적 있어.

😊 일본에 가서 '그는 원숭이를 본 적 있어.'
He's seen a monkey.   그는 원숭이를 본 적 있어.

😊 내가 추천해서 '그는 해리포터를 읽어본 적 있어.'
He's read Harry Potter.   그는 해리포터를 읽어본 적 있어.

😊 완주는 못 했어도 '그는 마라톤을 시도해본 적 있어.'
He's tried a marathon.   그는 마라톤을 시도해본 적 있어.

😊 친구가 알려 줬대. '그는 전에 그걸 들어본 적 있어.'
He's heard it before.   그는 전에 그걸 들어본 적 있어.

😊 내가 소개해 줘서 '그는 전에 그녀를 만나본 적 있어.'
He's met her before.   그는 전에 그녀를 만나본 적 있어.

read [레드] read [뤼드]의 과거분사   marathon [매뤄쏜] 마라톤

자동발사 톡!

우리말만 보고 영어로 **자동발사** 해 보세요.

🎧 MP3를 들으며 자동발사가 되는지 확인해 보세요.

그는 ~해본 적 있어 — He's -ed

몇 년 전쯤
그는 부산을 방문해본 적 있어.
📣 He's visited 부산.

군대에 있을 때
그는 트럭을 운전해본 적 있어.
📣

일본에 가서
그는 원숭이를 본 적 있어.
📣

내가 추천해서
그는 해리포터를 읽어본 적 있어.
📣

완주는 못 했어도
그는 마라톤을 시도해본 적 있어.
📣

친구가 알려 줬대.
그는 전에 그걸 들어본 적 있어.
📣

내가 소개해 줘서
그는 전에 그녀를 만나본 적 있어.
📣

영어 문장을 따라하며 에코잉 해 보세요.

 MP3를 들으며 메아리처럼 에코잉 해 보세요.

We've -ed | 우리는 ~해본 적 있어

☺ 여름휴가 때 '우리는 부산을 방문해본 적 있어.'
We've visited 부산. 우리는 부산을 방문해본 적 있어.

☺ 넌 몰랐겠지만 '우리는 트럭을 운전해본 적 있어.'
We've driven a truck. 우리는 트럭을 운전해본 적 있어.

☺ 눈앞에서 '우리는 원숭이를 본 적 있어.'
We've seen a monkey. 우리는 원숭이를 본 적 있어.

☺ 취향이 비슷하다~ '우리는 해리포터를 읽어본 적 있어.'
We've read Harry Potter. 우리는 해리포터를 읽어본 적 있어.

☺ 재미 삼아 '우리는 마라톤을 시도해본 적 있어.'
We've tried a marathon. 우리는 마라톤을 시도해본 적 있어.

☺ 누가 말해 줘서 '우리는 전에 그걸 들어본 적 있어.'
We've heard it before. 우리는 전에 그걸 들어본 적 있어.

☺ 초면이 아니야. '우리는 전에 그녀를 만나본 적 있어.'
We've met her before. 우리는 전에 그녀를 만나본 적 있어.

heard [헐드] hear의 과거분사   **met** [멧] meet의 과거분사

우리말만 보고 영어로 **자동발사** 해 보세요.

MP3를 들으며 자동발사가 되는지 확인해 보세요.

우리는 ~해본 적 있어   We've -ed

여름휴가 때
우리는 부산을 방문해본 적 있어.   We've visited 부산.

넌 몰랐겠지만
우리는 트럭을 운전해본 적 있어.

눈앞에서
우리는 원숭이를 본 적 있어.

취향이 비슷하다~
우리는 해리포터를 읽어본 적 있어.

재미 삼아
우리는 마라톤을 시도해본 적 있어.

누가 말해 줘서
우리는 전에 그걸 들어본 적 있어.

초면이 아니야.
우리는 전에 그녀를 만나본 적 있어.

일상에서 쓰는 진짜 영어, 쉬운 영어!

6월 24일

 민경
친구야 뭐하니?

지영
일하고 있는데? 왜?

 민경
바쁘겠지만... 너 영어 잘하잖아
그래서 궁금한 게 하나 있어서 ㅋㅋ

지영
뭔데? 짧은 거야?

 민경
응응 짧아, 외국 친구랑 채팅중인데
'나도 그런 적 있어'라고 하려면 뭐라고 해야 해?
I 하고 Do same? ㅜㅜ

지영
I've been there. 나도 그런 적 있어.
이렇게 말해봐 그럼 바로 알아들을걸 ㅋㅋ

 민경
오~~ 감사 감사!!

    보내기

DAY 05

나는 한 번도 실패해본 적 없어.
I've never failed.

나는 한 번도 ~해본 적 없어

인형 뽑기하면 나 쌍문동 김뽑기지! 이까짓 것 이 몸이 한 방에 뽑아 줄게~
나는 한 번도 실패해본 적 없어.
I've never failed.

이렇게 말해요!

'나는 실패해'는 I fail, '나는 한 번도 실패해본 적 없어'는 I fail 대신 **I've never failed**를 사용하면 돼요.

· 나는 한 번도 실패해본 적 없어.   **I've never failed.**

영어 문장을 **따라하며 에코잉** 해 보세요.

🎧 MP3를 들으며 메아리처럼 에코잉 해 보세요.

I've never -ed 나는 한 번도 ~해본 적 없어

> 영어 문장이 실제로 쓰이는 상황을 같이 보면 더 기억하기 쉬워요!

😠 무슨 대회에 나가서 '나는 한 번도 이겨본 적 없어.'
I've never won. 나는 한 번도 이겨본 적 없어.

😞 여태 외국으로 '나는 한 번도 여행해본 적 없어.'
I've never traveled. 나는 한 번도 여행해본 적 없어.

🙂 알레르기 때문에 '나는 한 번도 생선을 좋아해본 적 없어.'
I've never liked fish. 나는 한 번도 생선을 좋아해본 적 없어.

🙂 스스로 결정한 거라 '나는 한 번도 그걸 후회해본 적 없어.'
I've never regretted it. 나는 한 번도 그걸 후회해본 적 없어.

😐 생활비도 빠듯해서 '나는 한 번도 돈을 저축해본 적 없어.'
I've never saved money. 나는 한 번도 돈을 저축해본 적 없어.

🙂 살면서 '나는 한 번도 뼈가 부러져본 적 없어.'
I've never broken a bone. 나는 한 번도 뼈가 부러져본 적 없어.

😐 한마디도 못 해. '나는 한 번도 중국어를 공부해본 적 없어.'
I've never studied Chinese. 나는 한 번도 중국어를 공부해본 적 없어.

won [원] win의 과거분사   **regret** [리그뤠트] 후회하다

우리말만 보고 영어로 **자동발사** 해 보세요.

🎧 MP3를 들으며 자동발사가 되는지 확인해 보세요.

나는 한 번도 ~해본 적 없어 　　　　**I've never -ed**

무슨 대회에 나가서
나는 한 번도 이겨본 적 없어.　　📢 I've never won.

여태 외국으로
나는 한 번도 여행해본 적 없어.

알레르기 때문에
나는 한 번도 생선을 좋아해본 적 없어.

스스로 결정한 거라
나는 한 번도 그걸 후회해본 적 없어.

생활비도 빠듯해서
나는 한 번도 돈을 저축해본 적 없어.

살면서
나는 한 번도 뼈가 부러져본 적 없어.

한마디도 못 해.
나는 한 번도 중국어를 공부해본 적 없어.

영어 문장을 **따라하며** 에코잉 해 보세요.

 MP3를 들으며 메아리처럼 에코잉 해 보세요.

They've never -ed 　　　그들은 한 번도 ~해본 적 없어

☹ 운이 없었나 봐. '그들은 한 번도 이겨본 적 없어.'
They've never won. 　　　　　　　　그들은 한 번도 이겨본 적 없어.

☺ 내가 알기론 '그들은 한 번도 여행해본 적 없어.'
They've never traveled. 　　　　　　그들은 한 번도 여행해본 적 없어.

☺ 비린내가 난대. '그들은 한 번도 생선을 좋아해본 적 없어.'
They've never liked fish. 　　　　　그들은 한 번도 생선을 좋아해본 적 없어.

☺ 그 제품을 사고 '그들은 한 번도 그걸 후회해본 적 없어.'
They've never regretted it. 　　　　그들은 한 번도 그걸 후회해본 적 없어.

☹ 아직 철이 없어서 '그들은 한 번도 돈을 저축해본 적 없어.'
They've never saved money. 　　　그들은 한 번도 돈을 저축해본 적 없어.

☺ 자주 다치긴 했어도 '그들은 한 번도 뼈가 부러져본 적 없어.'
They've never broken a bone. 　　그들은 한 번도 뼈가 부러져본 적 없어.

☺ 일본어만 배웠고 '그들은 한 번도 중국어를 공부해본 적 없어.'
They've never studied Chinese. 　그들은 한 번도 중국어를 공부해본 적 없어.

save money [쎄이브 머니] 돈을 저축하다　　**broken** [브로큰] break의 과거분사

우리말만 보고 영어로 **자동발사** 해 보세요.

🎧 MP3를 들으며 자동발사가 되는지 확인해 보세요.

그들은 한 번도 ~해본 적 없어 — They've never -ed

운이 없었나 봐.
그들은 한 번도 이겨본 적 없어. 📢 They've never won.

내가 알기론
그들은 한 번도 여행해본 적 없어. 📢

비린내가 난대.
그들은 한 번도 생선을 좋아해본 적 없어. 📢

그 제품을 사고
그들은 한 번도 그걸 후회해본 적 없어. 📢

아직 철이 없어서
그들은 한 번도 돈을 저축해본 적 없어. 📢

자주 다치긴 했어도
그들은 한 번도 뼈가 부러져본 적 없어. 📢

일본어만 배웠고
그들은 한 번도 중국어를 공부해본 적 없어. 📢

영어 문장을 따라하며 에코잉 해 보세요.

🎧 MP3를 들으며 메아리처럼 에코잉 해 보세요.

She's never -ed
그녀는 한 번도 ~해본 적 없어

😐 막상 실전에서 '그녀는 한 번도 이겨본 적 없어.'
She's never won. 　　　　　　　　그녀는 한 번도 이겨본 적 없어.

😢 기회가 없어서 '그녀는 한 번도 여행해본 적 없어.'
She's never traveled. 　　　　　　그녀는 한 번도 여행해본 적 없어.

😐 특별한 이유는 없다는데, '그녀는 한 번도 생선을 좋아해본 적 없어.'
She's never liked fish. 　　　　　　그녀는 한 번도 생선을 좋아해본 적 없어.

🙂 어려운 선택이었지만 '그녀는 한 번도 그걸 후회해본 적 없어.'
She's never regretted it. 　　　　　그녀는 한 번도 그걸 후회해본 적 없어.

🙂 쇼핑을 너무 좋아해서 '그녀는 한 번도 돈을 저축해본 적 없어.'
She's never saved money. 　　　　그녀는 한 번도 돈을 저축해본 적 없어.

🙂 아직까지 '그녀는 한 번도 뼈가 부러져본 적 없어.'
She's never broken a bone. 　　　그녀는 한 번도 뼈가 부러져본 적 없어.

😢 관심만 있었지, '그녀는 한 번도 중국어를 공부해본 적 없어.'
She's never studied Chinese. 　　그녀는 한 번도 중국어를 공부해본 적 없어.

---

bone [본] 뼈 　　Chinese [차이니즈] 중국어

우리말만 보고 영어로 **자동발사** 해 보세요.

🎧 MP3를 들으며 자동발사가 되는지 확인해 보세요.

그녀는 한 번도 ~해본 적 없어   She's never -ed

막상 실전에서
그녀는 한 번도 이겨본 적 없어.   📢 She's never won.

기회가 없어서
그녀는 한 번도 여행해본 적 없어.

특별한 이유는 없다는데,
그녀는 한 번도 생선을 좋아해본 적 없어.

어려운 선택이었지만
그녀는 한 번도 그걸 후회해본 적 없어.

쇼핑을 너무 좋아해서
그녀는 한 번도 돈을 저축해본 적 없어.

아직까지
그녀는 한 번도 뼈가 부러져본 적 없어.

관심만 있었지,
그녀는 한 번도 중국어를 공부해본 적 없어.

일상에서 쓰는 진짜 영어, 쉬운 영어!

1월 17일

민경
다음 주에 중국인 친구가 한국 놀러 온대!

 상현
오~ 너 중국어 잘해?

민경
한마디도 못 해
I've never studied Chinese.
나는 한 번도 중국어를 공부해본 적 없어.

 상현
근데 어떻게 중국인 친구가 있어?

민경
보디랭귀지는 만국 공통어잖아 ㅋㅋㅋㅋ

    보내기

DAY 06

너는 아프리카를 방문해본 적 있니?
Have you visited Africa?
너는 ~해본 적 있니?

나 다음 주에 아프리카 여행 가는데
뭘 어떻게 준비해야 될지 모르겠어...
가 본 사람한테 물어보면 좋을 텐데, 혹시...
너는 아프리카를 방문해본 적 있니?
Have you visited Africa?

이렇게 말해요!

'너는 아프리카를 방문해본 적 있어'는 You have visited Africa, '너는 아프리카를 방문해본 적 있니?'는 You보다 **have**를 먼저 말하면 돼요.

- **너는** 아프리카를 **방문해본 적 있니?**   **Have you visited** Africa?

영어 문장을 **따라하며 에코잉** 해 보세요.

 MP3를 들으며 메아리처럼 에코잉 해 보세요.

Have you -ed?   너는 ~해본 적 있니?

😊 자막 없이도 알아들을 수 있어? '너는 일본어를 배워본 적 있니?'

Have you learned Japanese?

> 영어 문장이 실제로 쓰이는 상황을 같이 보면 더 기억하기 쉬워요!

너는 일본어를 배워본 적 있니?

😐 생선 요리를 할 때 '너는 오븐을 사용해본 적 있니?'

Have you used an oven?

너는 오븐을 사용해본 적 있니?

😊 바다에 가서 '너는 돌고래를 본 적 있니?'

Have you seen a dolphin?

너는 돌고래를 본 적 있니?

😊 난 처음 보는데, '너는 전에 그를 만나본 적 있니?'

Have you met him before?

너는 전에 그를 만나본 적 있니?

😊 재미있다던데, '너는 전에 골프를 쳐본 적 있니?'

Have you played golf before?

너는 전에 골프를 쳐본 적 있니?

---

oven [오븐] 오븐   **seen** [씬] see의 과거분사   **dolphin** [돌핀] 돌고래   **met** [멧] meet의 과거분사

자동발사 톡!

우리말만 보고 영어로 **자동발사** 해 보세요.

MP3를 들으며 자동발사가 되는지 확인해 보세요.

너는 ~해본 적 있니?   Have you -ed?

자막 없이도 알아들을 수 있어?
너는 일본어를 배워본 적 있니?
 Have you learned Japanese?

생선 요리를 할 때
너는 오븐을 사용해본 적 있니?

바다에 가서
너는 돌고래를 본 적 있니?

난 처음 보는데,
너는 전에 그를 만나본 적 있니?

재미있다던데,
너는 전에 골프를 쳐본 적 있니?

영어 문장을 **따라하며** 에코잉 해 보세요.

MP3를 들으며 메아리처럼 에코잉 해 보세요.

Have you ever -ed? 너는 한 번이라도 ~해본 적 있니?

😊 많이들 배우잖아. '너는 한 번이라도 일본어를 배워본 적 있니?'

Have you ever learned Japanese?

너는 한 번이라도 일본어를 배워본 적 있니?

😊 설명서를 봐도 모르겠어. '너는 한 번이라도 오븐을 사용해본 적 있니?'

Have you ever used an oven?

너는 한 번이라도 오븐을 사용해본 적 있니?

😊 지금까지 '너는 한 번이라도 돌고래를 본 적 있니?'

Have you ever seen a dolphin?

너는 한 번이라도 돌고래를 본 적 있니?

😊 저 남자 어떻게 알아? '너는 전에 한 번이라도 그를 만나본 적 있니?'

Have you ever met him before?

너는 전에 한 번이라도 그를 만나본 적 있니?

😊 골프 배워볼까 생각 중이야. '너는 전에 한 번이라도 골프를 쳐본 적 있니?'

Have you ever played golf before?

너는 전에 한 번이라도 골프를 쳐본 적 있니?

oven [오븐] 오븐　seen [씬] see의 과거분사　dolphin [돌핀] 돌고래　met [멧] meet의 과거분사

자동발사 톡!

우리말만 보고 영어로 **자동발사** 해 보세요.

🎧 MP3를 들으며 자동발사가 되는지 확인해 보세요.

너는 한 번이라도 ~해본 적 있니?   **Have you ever -ed?**

많이들 배우잖아.
너는 한 번이라도 일본어를 배워본 적 있니?
 Have you ever learned Japanese?

설명서를 봐도 모르겠어.
너는 한 번이라도 오븐을 사용해본 적 있니?

지금까지
너는 한 번이라도 돌고래를 본 적 있니?

저 남자 어떻게 알아?
너는 전에 한 번이라도 그를 만나본 적 있니?

골프 배워볼까 생각 중이야.
너는 전에 한 번이라도 골프를 쳐본 적 있니?

일상에서 쓰는 진짜 영어, 쉬운 영어!

12월 1일

 지영
민경아 소개팅 할래?

민경
응. 할래!
어떤 사람인데?

 지영
여자들이 좋아하는 호감형이래 ㅋㅋ

민경
어떻게 아는 사람이야?
Have you ever met him before?
너는 전에 한 번이라도 그를 만나본 적 있니?

 지영
만나본 적은 없는데...
그 사람이 그랬대 자기가 호감형이라고...ㅎ

민경

   보내기

DAY 07

나는 (지금까지) 10년 동안 여기서 살았어.
I've lived here for ten years.   나는 (지금까지) ⋯ 동안 ~했어

> 어서 와. 부산은 처음이지?
> 내가 맛집부터 명소까지
> 풀코스로 관광시켜줄게~
> 나는 (지금까지) 10년 동안 여기서 살았어.
> **I've lived here for ten years.**

이렇게 말해요!

'나는 여기서 살아'는 I live here, '나는 (지금까지) 10년 동안 여기서 살았어'는 I live 대신 **I've lived**를 사용하고 그 뒤에 **for** ten years를 붙이면 돼요. for는 '⋯ 동안'이라는 의미예요.

· **나는** 10년 **동안 여기서 살았어.**   **I've lived here for** ten years.

따라하며 톡!

영어 문장을 따라하며 에코잉 해 보세요.

🎧 MP3를 들으며 메아리처럼 에코잉 해 보세요.

I've -ed for …   나는 (지금까지) … 동안 ~했어

😊 쉬지도 못하고 '나는 (지금까지) 3주 동안 일했어.'
> 영어 문장이 실제로 쓰이는 상황을 같이 보면 더 기억하기 쉬워요!

I've worked for three weeks.
나는 (지금까지) 3주 동안 일했어.

😊 친구랑 둘이서 '나는 (지금까지) 6개월 동안 여행했어.'

I've traveled for six months.
나는 (지금까지) 6개월 동안 여행했어.

😊 독학으로 '나는 (지금까지) 12개월 동안 영어를 공부했어.'

I've studied English for twelve months.
나는 (지금까지) 12개월 동안 영어를 공부했어.

😊 잘 치지? '나는 (지금까지) 5년 동안 기타를 쳤어.'

I've played the guitar for five years.
나는 (지금까지) 5년 동안 기타를 쳤어.

😊 내 절친이야. '나는 (지금까지) 10년 동안 그를 알았어.'

I've known him for ten years.
나는 (지금까지) 10년 동안 그를 알았어.

---

twelve [트웰브] (숫자) 12   **guitar** [기타] 기타   **known** [노운] know의 과거분사

자동발사 톡!

우리말만 보고 영어로 **자동발사** 해 보세요.

🎧 MP3를 들으며 자동발사가 되는지 확인해 보세요.

나는 (지금까지) … 동안 ~했어   I've -ed for …

쉬지도 못하고
나는 (지금까지) 3주 동안 일했어.
 I've worked for three weeks.

친구랑 둘이서
나는 (지금까지) 6개월 동안 여행했어.

독학으로
나는 (지금까지) 12개월 동안 영어를 공부했어.

잘 치지?
나는 (지금까지) 5년 동안 기타를 쳤어.

내 절친이야.
나는 (지금까지) 10년 동안 그를 알았어.

영어 문장을 **따라하며 에코잉** 해 보세요.

 MP3를 들으며 메아리처럼 에코잉 해 보세요.

We've -ed for … 우리는 (지금까지) … 동안 ~했어

😊 아직 신입이야. '우리는 (지금까지) 3주 동안 일했어.'
We've worked for three weeks.
우리는 (지금까지) 3주 동안 일했어.

😊 자전거를 타고 '우리는 (지금까지) 6개월 동안 여행했어.'
We've traveled for six months.
우리는 (지금까지) 6개월 동안 여행했어.

😊 학원에서 '우리는 (지금까지) 12개월 동안 영어를 공부했어.'
We've studied English for twelve months.
우리는 (지금까지) 12개월 동안 영어를 공부했어.

😊 같은 밴드에서 '우리는 (지금까지) 5년 동안 기타를 쳤어.'
We've played the guitar for five years.
우리는 (지금까지) 5년 동안 기타를 쳤어.

😊 좋은 친구야. '우리는 (지금까지) 10년 동안 그를 알았어.'
We've known him for ten years.
우리는 (지금까지) 10년 동안 그를 알았어.

twelve [트웰브] (숫자) 12   **guitar** [기타] 기타   **known** [노운] know의 과거분사

우리말만 보고 영어로 **자동발사** 해 보세요.

🎧 MP3를 들으며 자동발사가 되는지 확인해 보세요.

우리는 (지금까지) … 동안 ~했어　　　　　**We've -ed for …**

아직 신입이야.
우리는 (지금까지) 3주 동안 일했어.
 We've worked for three weeks.

자전거를 타고
우리는 (지금까지) 6개월 동안 여행했어.

학원에서
우리는 (지금까지) 12개월 동안 영어를 공부했어.

같은 밴드에서
우리는 (지금까지) 5년 동안 기타를 쳤어.

좋은 친구야.
우리는 (지금까지) 10년 동안 그를 알았어.

영어 문장을 **따라하며 에코잉** 해 보세요.

🎧 MP3를 들으며 메아리처럼 에코잉 해 보세요.

She's -ed for ···   그녀는 (지금까지) ··· 동안 ~했어

☺ 지난달에 취직해서 '그녀는 (지금까지) 3주 동안 일했어.'
She's worked for three weeks.
　　　　　　　　　　　　　그녀는 (지금까지) 3주 동안 일했어.

☺ 휴학하고 '그녀는 (지금까지) 6개월 동안 여행했어.'
She's traveled for six months.
　　　　　　　　　　　　　그녀는 (지금까지) 6개월 동안 여행했어.

☺ 끈기 있게 '그녀는 (지금까지) 12개월 동안 영어를 공부했어.'
She's studied English for twelve months.
　　　　　　　　　　　　　그녀는 (지금까지) 12개월 동안 영어를 공부했어.

☺ 연주가 수준급이야. '그녀는 (지금까지) 5년 동안 기타를 쳤어.'
She's played the guitar for five years.
　　　　　　　　　　　　　그녀는 (지금까지) 5년 동안 기타를 쳤어.

☺ 대학교 때 만나서 '그녀는 (지금까지) 10년 동안 그를 알았어.'
She's known him for ten years.
　　　　　　　　　　　　　그녀는 (지금까지) 10년 동안 그를 알았어.

twelve [트웰브] (숫자) 12　　**guitar** [기타] 기타　　**known** [노운] know의 과거분사

자동발사 톡!

우리말만 보고 영어로 **자동발사** 해 보세요.

🎧 MP3를 들으며 자동발사가 되는지 확인해 보세요.

그녀는 (지금까지) … 동안 ~했어   She's -ed for …

지난달에 취직해서
그녀는 (지금까지) 3주 동안 일했어.
 She's worked for three weeks.

휴학하고
그녀는 (지금까지) 6개월 동안 여행했어.

끈기 있게
그녀는 (지금까지) 12개월 동안 영어를 공부했어.

연주가 수준급이야.
그녀는 (지금까지) 5년 동안 기타를 쳤어.

대학교 때 만나서
그녀는 (지금까지) 10년 동안 그를 알았어.

일상에서 쓰는 진짜 영어, 쉬운 영어!

10월 8일

민준
너 저번에 보니까 기타 좀 치더라?

 재훈
잘 치지?
I've played the guitar for five years.
나는 (지금까지) 5년 동안 기타를 쳤어.

민준
우리 밴드 들어올 생각 없어?
난 보컬인데, 기타가 공석이거든

 재훈
오~ 진짜? 좋지!! 언제 언제 모이는데?

민준
너 편한 시간에~ 아직 기타랑 보컬밖에 없어 ㅋㅋ

 재훈

    보내기

DAY 08

나는 1977년 이후로 (지금까지) 여행 안 했어.
I haven't traveled since 1977.   나는 … 이후로 (지금까지) ~ 안 했어

여행 좋아하냐고?
뭐하러 집 나가서 고생해.
1977년에 수학여행은 한 번 가봤지.
나는 1977년 이후로 (지금까지) 여행 안 했어.
I haven't traveled since 1977.

이렇게 말해요!

'나는 여행해'는 I travel, '나는 1977년 이후로 (지금까지) 여행 안 했어'는 I travel 대신 **I haven't traveled**를 사용하고 그 뒤에 **since** 1977을 붙이면 돼요. since는 '… 이후로'라는 의미예요.

- 나는 1977년 이후로 (지금까지) 여행 안 했어. **I haven't traveled since** 1977.

따라하며 톡!

영어 문장을 **따라하며** 에코잉 해 보세요.

MP3를 들으며 메아리처럼 에코잉 해 보세요.

I haven't -ed since … 나는 … 이후로 (지금까지) ~ 안 했어

😋 너무 배고파. '나는 8시 이후로 (지금까지) 안 먹었어.'

영어 문장이 실제로 쓰이는 상황을 같이 보면 더 기억하기 쉬워요!

I haven't eaten since eight.

나는 8시 이후로 (지금까지) 안 먹었어.

😞 말다툼하고 '나는 어제 이후로 (지금까지) 그를 안 봤어.'

I haven't seen him since yesterday.

나는 어제 이후로 (지금까지) 그를 안 봤어.

😊 문자만 했지, '나는 어제 이후로 (지금까지) 그녀에게 전화 안 했어.'

I haven't called her since yesterday.

나는 어제 이후로 (지금까지) 그녀에게 전화 안 했어.

😐 이번엔 진짜 끊을 거야. '나는 금요일 이후로 (지금까지) 담배를 안 피웠어.'

I haven't smoked since Friday.

나는 금요일 이후로 (지금까지) 담배를 안 피웠어.

😊 계속 할 일이 많아서 '나는 금요일 이후로 (지금까지) TV를 안 봤어.'

I haven't watched TV since Friday.

나는 금요일 이후로 (지금까지) TV를 안 봤어.

---

eaten [이튼] eat의 과거분사   **smoke** [스모크] 담배를 피우다

우리말만 보고 영어로 **자동발사** 해 보세요.

🎧 MP3를 들으며 자동발사가 되는지 확인해 보세요.

나는 … 이후로 (지금까지) ~ 안 했어   **I haven't -ed since …**

너무 배고파.
나는 8시 이후로 (지금까지) 안 먹었어.
 I haven't eaten since eight.

말다툼하고
나는 어제 이후로 (지금까지) 그를 안 봤어.

문자만 했지,
나는 어제 이후로 (지금까지) 그녀에게 전화 안 했어.

이번엔 진짜 끊을 거야.
나는 금요일 이후로 (지금까지) 담배를 안 피웠어.

계속 할 일이 많아서
나는 금요일 이후로 (지금까지) TV를 안 봤어.

영어 문장을 따라하며 에코잉 해 보세요.

MP3를 들으며 메아리처럼 에코잉 해 보세요.

They haven't -ed since… 그들은…이후로 (지금까지) ~안 했어

😊 물을 제외하고 '그들은 8시 이후로 (지금까지) 안 먹었어.'

They haven't eaten since eight.

그들은 8시 이후로 (지금까지) 안 먹었어.

😐 아직 안 왔나 봐. '그들은 어제 이후로 (지금까지) 그를 안 봤어.'

They haven't seen him since yesterday.

그들은 어제 이후로 (지금까지) 그를 안 봤어.

😕 웬일인지 '그들은 어제 이후로 (지금까지) 그녀에게 전화 안 했어.'

They haven't called her since yesterday.

그들은 어제 이후로 (지금까지) 그녀에게 전화 안 했어.

😊 아직은 잘 버티고 있어. '그들은 금요일 이후로 (지금까지) 담배를 안 피웠어.'

They haven't smoked since Friday.

그들은 금요일 이후로 (지금까지) 담배를 안 피웠어.

😞 시험 기간이라 '그들은 금요일 이후로 (지금까지) TV를 안 봤어.'

They haven't watched TV since Friday.

그들은 금요일 이후로 (지금까지) TV를 안 봤어.

eaten [이튼] eat의 과거분사 **smoke** [스모크] 담배를 피우다

우리말만 보고 영어로 **자동발사** 해 보세요.

MP3를 들으며 자동발사가 되는지 확인해 보세요.

그들은…이후로 (지금까지) ~안 했어 They haven't -ed since …

물을 제외하고
그들은 8시 이후로 (지금까지) 안 먹었어.
 They haven't eaten since eight.

아직 안 왔나 봐.
그들은 어제 이후로 (지금까지) 그를 안 봤어.

웬일인지
그들은 어제 이후로 (지금까지) 그녀에게 전화 안 했어.

아직은 잘 버티고 있어.
그들은 금요일 이후로 (지금까지) 담배를 안 피웠어.

시험 기간이라
그들은 금요일 이후로 (지금까지) TV를 안 봤어.

영어 문장을 따라하며 에코잉 해 보세요.

🎧 MP3를 들으며 메아리처럼 에코잉 해 보세요.

진우 hasn't -ed since ··· 진우는 ··· 이후로 (지금까지) ~ 안 했어

☺ 내일 건강검진이라 '진우는 8시 이후로 (지금까지) 안 먹었어.'

진우 hasn't eaten since eight.

진우는 8시 이후로 (지금까지) 안 먹었어.

☹ 오늘은 같이 안 놀았대. '진우는 어제 이후로 (지금까지) 그를 안 봤어.'

진우 hasn't seen him since yesterday.

진우는 어제 이후로 (지금까지) 그를 안 봤어.

😐 너무 바빠서 '진우는 어제 이후로 (지금까지) 그녀에게 전화 안 했어.'

진우 hasn't called her since yesterday.

진우는 어제 이후로 (지금까지) 그녀에게 전화 안 했어.

☺ 자신이 결심한 대로 '진우는 금요일 이후로 (지금까지) 담배를 안 피웠어.'

진우 hasn't smoked since Friday.

진우는 금요일 이후로 (지금까지) 담배를 안 피웠어.

☹ TV가 고장 나서 '진우는 금요일 이후로 (지금까지) TV를 안 봤어.'

진우 hasn't watched TV since Friday.

진우는 금요일 이후로 (지금까지) TV를 안 봤어.

eaten [이튼] eat의 과거분사   **smoke** [스모크] 담배를 피우다

자동발사 톡!

우리말만 보고 영어로 **자동발사** 해 보세요.

🎧 MP3를 들으며 자동발사가 되는지 확인해 보세요.

진우는 … 이후로 (지금까지) ~ 안 했어 진우 hasn't -ed since …

내일 건강검진이라
진우는 8시 이후로 (지금까지) 안 먹었어.
 진우 hasn't eaten since eight.

오늘은 같이 안 놀았대.
진우는 어제 이후로 (지금까지) 그를 안 봤어.

너무 바빠서
진우는 어제 이후로 (지금까지) 그녀에게 전화 안 했어.

자신이 결심한 대로
진우는 금요일 이후로 (지금까지) 담배를 안 피웠어.

TV가 고장 나서
진우는 금요일 이후로 (지금까지) TV를 안 봤어.

일상에서 쓰는 진짜 영어, 쉬운 영어!

7월 8일

은주
아빠! 방에 없네?

또 담배 피우러 나갔어?!

 아빠
아냐, 아빠 잠깐 바람 쐬러 나왔어

이번엔 진짜 끊을 거야
I haven't smoked since Friday.
나는 금요일 이후로 (지금까지) 담배를 안 피웠어.

은주
진짜? 끊으면 뽀뽀도 맨날 해줄게

 아빠
정말이지?

은주
응~ 약속!

 아빠
아이구 우리 딸 ㅎㅎㅎ 예뻐라

보내기

DAY 09

너는 (지금까지) 얼마나 오래 연습했니?
How long have you practiced? 　　너는 (지금까지) 얼마나 오래 ~했니?

우와~ 너 완전 잘한다! 진짜 래퍼 같아!
나도 너처럼 랩 잘하고 싶은데
너는 (지금까지) 얼마나 오래 연습했니?
How long have you practiced?

이렇게 말해요!

'너는 계속 연습했어'는 You have practiced, '너는 (지금까지) 얼마나 오래 연습했니?'는 You보다 have를 먼저 말하고 그 앞에 How long을 붙이면 돼요.

- 너는 (지금까지) 얼마나 오래 연습했니?　**How long have you practiced?**

영어 문장을 **따라하며** 에코잉 해 보세요.

🎧 MP3를 들으며 메아리처럼 에코잉 해 보세요.

How long have you -ed? 너는 (지금까지) 얼마나 오래 ~했니?

영어 문장이 실제로 쓰이는 상황을 같이 보면 더 기억하기 쉬워요!

😊 과외한다며? '너는 (지금까지) 얼마나 오래 가르쳤니?'

How long have you taught?

너는 (지금까지) 얼마나 오래 가르쳤니?

😊 와~ 집 좋다! '너는 (지금까지) 얼마나 오래 여기서 살았니?'

How long have you lived here?

너는 (지금까지) 얼마나 오래 여기서 살았니?

😊 엄청 친해 보이던데, '너는 (지금까지) 얼마나 오래 그를 알았니?'

How long have you known him?

너는 (지금까지) 얼마나 오래 그를 알았니?

😊 3년쯤 됐나? '너는 (지금까지) 얼마나 오래 거기서 일했니?'

How long have you worked there?

너는 (지금까지) 얼마나 오래 거기서 일했니?

😊 아직도 새것 같아! '너는 (지금까지) 얼마나 오래 그 전화기를 사용했니?'

How long have you used the phone?

너는 (지금까지) 얼마나 오래 그 전화기를 사용했니?

---

taught [터트] teach의 과거분사 **known** [노운] know의 과거분사

자동발사 톡!

우리말만 보고 영어로 **자동발사** 해 보세요.

🎧 MP3를 들으며 자동발사가 되는지 확인해 보세요.

너는 (지금까지) 얼마나 오래 ~했니? **How long have you -ed?**

과외한다며?
너는 (지금까지) 얼마나 오래 가르쳤니?
 How long have you taught?

와~ 집 좋다!
너는 (지금까지) 얼마나 오래 여기서 살았니?

엄청 친해 보이던데,
너는 (지금까지) 얼마나 오래 그를 알았니?

3년쯤 됐나?
너는 (지금까지) 얼마나 오래 거기서 일했니?

아직도 새것 같아!
너는 (지금까지) 얼마나 오래 그 전화기를 사용했니?

영어 문장을 **따라하며 에코잉** 해 보세요.

How long has he -ed? 그는 (지금까지) 얼마나 오래 ~했니?

☺ 직업이 선생님이래? '그는 (지금까지) 얼마나 오래 가르쳤니?'

How long has he taught?

그는 (지금까지) 얼마나 오래 가르쳤니?

☺ 여기 토박이라던데, '그는 (지금까지) 얼마나 오래 여기서 살았니?'

How long has he lived here?

그는 (지금까지) 얼마나 오래 여기서 살았니?

☺ 되게 친하던데, '그는 (지금까지) 얼마나 오래 그녀를 알았니?'

How long has he known her?

그는 (지금까지) 얼마나 오래 그녀를 알았니?

☹ 아직도 그 회사에 다닌대? '그는 (지금까지) 얼마나 오래 거기서 일했니?'

How long has he worked there?

그는 (지금까지) 얼마나 오래 거기서 일했니?

☹ 아직도 폴더폰이야? '그는 (지금까지) 얼마나 오래 그 전화기를 사용했니?'

How long has he used the phone?

그는 (지금까지) 얼마나 오래 그 전화기를 사용했니?

taught [터트] teach의 과거분사 **known** [노운] know의 과거분사

자동발사 톡!

우리말만 보고 영어로 **자동발사** 해 보세요.

🎧 MP3를 들으며 자동발사가 되는지 확인해 보세요.

> 그는 (지금까지) 얼마나 오래 ~했니?　　**How long has he -ed?**

직업이 선생님이래?
그는 (지금까지) 얼마나 오래 가르쳤니?
 How long has he taught?

여기 토박이라던데,
그는 (지금까지) 얼마나 오래 여기서 살았니?

되게 친하던데,
그는 (지금까지) 얼마나 오래 그녀를 알았니?

아직도 그 회사에 다닌대?
그는 (지금까지) 얼마나 오래 거기서 일했니?

아직도 폴더폰이야?
그는 (지금까지) 얼마나 오래 그 전화기를 사용했니?

따라하며 톡!

영어 문장을 **따라하며 에코잉** 해 보세요.

🎧 MP3를 들으며 메아리처럼 에코잉 해 보세요.

How long has she -ed? 그녀는 (지금까지) 얼마나 오래 ~했니?

😊 그 학교에서 '그녀는 (지금까지) 얼마나 오래 가르쳤니?'

How long has she taught?

그녀는 (지금까지) 얼마나 오래 가르쳤니?

😊 지방에서 올라온 거야? '그녀는 (지금까지) 얼마나 오래 여기서 살았니?'

How long has she lived here?

그녀는 (지금까지) 얼마나 오래 여기서 살았니?

😐 대학 동기면 '그녀는 (지금까지) 얼마나 오래 그를 알았니?'

How long has she known him?

그녀는 (지금까지) 얼마나 오래 그를 알았니?

😊 첫 직장이랬지? '그녀는 (지금까지) 얼마나 오래 거기서 일했니?'

How long has she worked there?

그녀는 (지금까지) 얼마나 오래 거기서 일했니?

😐 오래된 것 같던데, '그녀는 (지금까지) 얼마나 오래 그 전화기를 사용했니?'

How long has she used the phone?

그녀는 (지금까지) 얼마나 오래 그 전화기를 사용했니?

taught [터트] teach의 과거분사   **known** [노운] know의 과거분사

우리말만 보고 영어로 **자동발사** 해 보세요.

🎧 MP3를 들으며 자동발사가 되는지 확인해 보세요.

그녀는 (지금까지) 얼마나 오래 ~했니? **How long has she -ed?**

그 학교에서
그녀는 (지금까지) 얼마나 오래 가르쳤니?
 How long has she taught?

지방에서 올라온 거야?
그녀는 (지금까지) 얼마나 오래 여기서 살았니?

대학 동기면
그녀는 (지금까지) 얼마나 오래 그를 알았니?

첫 직장이랬지?
그녀는 (지금까지) 얼마나 오래 거기서 일했니?

오래된 것 같던데,
그녀는 (지금까지) 얼마나 오래 그 전화기를 사용했니?

일상에서 쓰는 진짜 영어, 쉬운 영어!

6월 28일

현우
아까 식당 사장님이랑

엄청 친해 보이던데
How long have you known him?
너는 (지금까지) 얼마나 오래 그를 알았니?

 민준
24년!

현우
에이~ 네가 24살이잖아!

 민준
진짜라니까~ 아까도 서비스 많이 줬잖아

우리 삼촌이거든 ㅋㅋㅋㅋㅋㅋ

현우
아하! ㅋㅋㅋㅋㅋㅋ

보내기

DAY 10

나는 그 카페에 있어.
I'm in the café.   나는 …에 있어

지금 어디냐고?
오늘 딸이 선보는데 좀 걱정이 돼야지!
여기 집 앞 카페에서 만나기로 했다길래
나는 그 카페에 있어.
I'm in the café.

이렇게 말해요!

'그 카페'는 **the café**, '나는 그 카페에 있어'는 그 앞에 **I'm in**을 붙이면 돼요.
in은 '…에'라는 의미예요.

• **나는** 그 카페에 있어.   **I'm in** the café.

영어 문장을 **따라하며** 에코잉 해 보세요.

🎧 MP3를 들으며 메아리처럼 에코잉 해 보세요.

I'm in … 나는 …에 있어

😊 출장 중이야. '나는 중국에 있어.'
I'm in China.   나는 중국에 있어.

😊 주말이라 '나는 내 집에 있어.'
I'm in my house.   나는 내 집에 있어.

😊 이쪽으로 와. '나는 그 방에 있어.'
I'm in the room.   나는 그 방에 있어.

😊 산책하러 나와서 '나는 그 공원에 있어.'
I'm in the park.   나는 그 공원에 있어.

😊 도착하면 연락해. '나는 그 극장에 있어.'
I'm in the theater.   나는 그 극장에 있어.

😊 시험 공부하느라 '나는 그 도서관에 있어.'
I'm in the library.   나는 그 도서관에 있어.

😊 도시락 싸야 해서 '나는 그 부엌에 있어.'
I'm in the kitchen.   나는 그 부엌에 있어.

theater [씨어터] 극장   **library** [라이브뤄뤼] 도서관

우리말만 보고 영어로 **자동발사** 해 보세요.

🎧 MP3를 들으며 자동발사가 되는지 확인해 보세요.

나는 …에 있어   I'm in …

출장 중이야.
나는 중국에 있어.   📢 I'm in China.

주말이라
나는 내 집에 있어.   📢

이쪽으로 와.
나는 그 방에 있어.   📢

산책하러 나와서
나는 그 공원에 있어.   📢

도착하면 연락해.
나는 그 극장에 있어.   📢

시험 공부하느라
나는 그 도서관에 있어.   📢

도시락 싸야 해서
나는 그 부엌에 있어.   📢

영어 문장을 **따라하며 에코잉** 해 보세요.

🎧 MP3를 들으며 메아리처럼 에코잉 해 보세요.

She's in …   그녀는 …에 있어

😊 작년에 유학 갔대. '그녀는 중국에 있어.'
She's in China.   그녀는 중국에 있어.

😊 놀러 와서 '그녀는 내 집에 있어.'
She's in my house.   그녀는 내 집에 있어.

☹ 직접 가서 물어봐. '그녀는 그 방에 있어.'
She's in the room.   그녀는 그 방에 있어.

😊 아이들과 함께 '그녀는 그 공원에 있어.'
She's in the park.   그녀는 그 공원에 있어.

😊 조금 일찍 도착했대. '그녀는 그 극장에 있어.'
She's in the theater.   그녀는 그 극장에 있어.

😐 이 시간에 항상 '그녀는 그 도서관에 있어.'
She's in the library.   그녀는 그 도서관에 있어.

😊 설거지 중이야. '그녀는 그 부엌에 있어.'
She's in the kitchen.   그녀는 그 부엌에 있어.

theater [씨어터] 극장   **library** [라이브뤄뤼] 도서관

우리말만 보고 영어로 **자동발사** 해 보세요.

🎧 MP3를 들으며 자동발사가 되는지 확인해 보세요.

그녀는 …에 있어 — She's in …

작년에 유학 갔대.
그녀는 중국에 있어. 📢 She's in China.

놀러 와서
그녀는 내 집에 있어. 📢

직접 가서 물어봐.
그녀는 그 방에 있어. 📢

아이들과 함께
그녀는 그 공원에 있어. 📢

조금 일찍 도착했대.
그녀는 그 극장에 있어. 📢

이 시간에 항상
그녀는 그 도서관에 있어. 📢

설거지 중이야.
그녀는 그 부엌에 있어. 📢

영어 문장을 따라하며 에코잉 해 보세요.

MP3를 들으며 메아리처럼 에코잉 해 보세요.

They're in …

그들은 …에 있어

어제 여행 갔잖아~ '그들은 중국에 있어.'
They're in China.   그들은 중국에 있어.

너도 올래? '그들은 내 집에 있어.'
They're in my house.   그들은 내 집에 있어.

게임하고 있을걸? '그들은 그 방에 있어.'
They're in the room.   그들은 그 방에 있어.

벌써 나갔지! '그들은 그 공원에 있어.'
They're in the park.   그들은 그 공원에 있어.

영화 보러 갔어. '그들은 그 극장에 있어.'
They're in the theater.   그들은 그 극장에 있어.

아직까지도 '그들은 그 도서관에 있어.'
They're in the library.   그들은 그 도서관에 있어.

가서 요리 좀 도와줘. '그들은 그 부엌에 있어.'
They're in the kitchen.   그들은 그 부엌에 있어.

theater [씨어터] 극장   library [라이브뤄뤼] 도서관

자동발사 톡!

우리말만 보고 영어로 **자동발사** 해 보세요.

🎧 MP3를 들으며 자동발사가 되는지 확인해 보세요.

그들은 …에 있어   They're in …

어제 여행 갔잖아~
그들은 중국에 있어.   📢 They're in China.

너도 올래?
그들은 내 집에 있어.   📢

게임하고 있을걸?
그들은 그 방에 있어.   📢

벌써 나갔지!
그들은 그 공원에 있어.   📢

영화 보러 갔어.
그들은 그 극장에 있어.   📢

아직까지도
그들은 그 도서관에 있어.   📢

가서 요리 좀 도와줘.
그들은 그 부엌에 있어.   📢

일상에서 쓰는 진짜 영어, 쉬운 영어!

8월 23일

딸

아빠~ 여행 재미있게 즐기고 계세용? ㅋㅋ 호주 좋죠?!

 아빠

응 좋긴 한데, 아빠가 영어가 안돼서 그런가 곤란할 때가 좀 많네 ㅜㅜ

말 나온 김에, '곤경에 처해있어'라고 말하려면 영어로 어떻게 해야 하니? 'I am difficult situation…?'

딸

아 그럴 때는
I'm in trouble. 나는 곤경에 처해있어.

이렇게 하시면 돼요 ㅎㅎ

 아빠

고맙다잉~ 귀국하는 날 공항에서 보자~

보내기

DAY 11

나는 그 사무실에 없었어.
I wasn't in the office.   나는 …에 없었어

아까 사장님께서
우리 사무실로 오셨대!
매출 떨어졌다고 엄청 혼났나 봐…
다행히 외근 중이라…
나는 그 사무실에 없었어.
I wasn't in the office.

이렇게 말해요!

'그 사무실'은 the office, '나는 그 사무실에 없었어'는 그 앞에 **I wasn't in**을 붙이면 돼요.

· 나는 그 사무실에 **없었어**.   **I wasn't in** the office.

영어 문장을 **따라하며** 에코잉 해 보세요.

🎧 MP3를 들으며 메아리처럼 에코잉 해 보세요.

I wasn't in …   나는 …에 없었어

😊 지난주에 출장 가서 '나는 서울에 없었어.'
영어 문장이 실제로 쓰이는 상황을 같이 보면 더 기억하기 쉬워요!
I wasn't in Seoul.   나는 서울에 없었어.

😞 어제 아파서 못 갔거든. '나는 학교에 없었어.'
I wasn't in school.   나는 학교에 없었어.

😐 다행히 그때 '나는 그 차에 없었어.'
I wasn't in the car.   나는 그 차에 없었어.

😊 네가 왔을 땐 '나는 그 카페에 없었어.'
I wasn't in the café.   나는 그 카페에 없었어.

😊 어제 계속 집에 있었는데? '나는 그 쇼핑몰에 없었어.'
I wasn't in the mall.   나는 그 쇼핑몰에 없었어.

😊 끝나고 바로 나갔지~ '나는 그 헬스클럽에 없었어.'
I wasn't in the gym.   나는 그 헬스클럽에 없었어.

😊 이미 퇴원해서 '나는 그 병원에 없었어.'
I wasn't in the hospital.   나는 그 병원에 없었어.

mall [몰] 쇼핑몰   **gym** [짐] 헬스클럽   **hospital** [하스피틀] 병원

자동발사 톡!

우리말만 보고 영어로 **자동발사** 해 보세요.

🎧 MP3를 들으며 자동발사가 되는지 확인해 보세요.

나는 …에 없었어   I wasn't in …

지난주에 출장 가서
나는 서울에 없었어.　　📢 I wasn't in Seoul.

어제 아파서 못 갔거든.
나는 학교에 없었어.　　📢 I wasn't in school.

다행히 그때
나는 그 차에 없었어.　　📢 I wasn't in the car.

네가 왔을 땐
나는 그 카페에 없었어.　　📢 I wasn't in the cafe.

어제 계속 집에 있었는데?
나는 그 쇼핑몰에 없었어.　　📢 I wasn't in the mall.

끝나고 바로 나갔지~
나는 그 헬스클럽에 없었어.　　📢 I wasn't in the gym.

이미 퇴원해서
나는 그 병원에 없었어.　　📢 I wasn't in the hospital.

영어 문장을 **따라하며** 에코잉 해 보세요.

MP3를 들으며 메아리처럼 에코잉 해 보세요.

민수 wasn't in … 민수는 …에 없었어

😟 오랜만에 연락했더니 '민수는 서울에 없었어.'
민수 wasn't in Seoul. 민수는 서울에 없었어.

😐 그날 일찍 조퇴했대. '민수는 학교에 없었어.'
민수 wasn't in school. 민수는 학교에 없었어.

🙂 이미 다른 차 타고 갔나봐. '민수는 그 차에 없었어.'
민수 wasn't in the car. 민수는 그 차에 없었어.

🙂 내가 늦게 갔던 건지 '민수는 그 카페에 없었어.'
민수 wasn't in the café. 민수는 그 카페에 없었어.

🙂 내가 도착했을 때 '민수는 그 쇼핑몰에 없었어.'
민수 wasn't in the mall. 민수는 그 쇼핑몰에 없었어.

😐 어제 안 왔더라. '민수는 그 헬스클럽에 없었어.'
민수 wasn't in the gym. 민수는 그 헬스클럽에 없었어.

🙂 그저께 병문안 갔었는데, '민수는 그 병원에 없었어.'
민수 wasn't in the hospital. 민수는 그 병원에 없었어.

mall [몰] 쇼핑몰   **gym** [짐] 헬스클럽   **hospital** [하스피틀] 병원

우리말만 보고 영어로 **자동발사** 해 보세요.

🎧 MP3를 들으며 자동발사가 되는지 확인해 보세요.

민수는 …에 없었어   **민수 wasn't in …**

오랜만에 연락했더니
민수는 서울에 없었어. 📢 민수 wasn't in Seoul.

그날 일찍 조퇴했대.
민수는 학교에 없었어. 📢 민수 wasn't in school.

이미 다른 차 타고 갔나봐.
민수는 그 차에 없었어. 📢 민수 wasn't in the car.

내가 늦게 갔던 건지
민수는 그 카페에 없었어. 📢 민수 wasn't in the cafe.

내가 도착했을 때
민수는 그 쇼핑몰에 없었어. 📢 민수 wasn't in the mall.

어제 안 왔더라.
민수는 그 헬스클럽에 없었어. 📢 민수 wasn't in the gym.

그저께 병문안 갔었는데,
민수는 그 병원에 없었어. 📢 민수 wasn't in the hospital.

영어 문장을 **따라하며 에코잉** 해 보세요.

MP3를 들으며 메아리처럼 에코잉 해 보세요.

We weren't in ⋯   우리는 ⋯에 없었어

😊 지난주에 제주도 놀러 가서 '우리는 서울에 없었어.'
We weren't in Seoul.   우리는 서울에 없었어.

😊 어제 개교기념일이었잖아. '우리는 학교에 없었어.'
We weren't in school.   우리는 학교에 없었어.

😊 먼저 출발해서 '우리는 그 차에 없었어.'
We weren't in the car.   우리는 그 차에 없었어.

😊 그 시간에 '우리는 그 카페에 없었어.'
We weren't in the café.   우리는 그 카페에 없었어.

😊 잘못 본 거 아냐? '우리는 그 쇼핑몰에 없었어.'
We weren't in the mall.   우리는 그 쇼핑몰에 없었어.

😊 어제는 그냥 집에서 쉬었어. '우리는 그 헬스클럽에 없었어.'
We weren't in the gym.   우리는 그 헬스클럽에 없었어.

😊 그땐 이미 집이었지. '우리는 그 병원에 없었어.'
We weren't in the hospital.   우리는 그 병원에 없었어.

mall [몰] 쇼핑몰   **gym** [짐] 헬스클럽   **hospital** [하스피틀] 병원

우리말만 보고 영어로 **자동발사** 해 보세요.

🎧 MP3를 들으며 자동발사가 되는지 확인해 보세요.

우리는 …에 없었어   We weren't in …

지난주에 제주도 놀러 가서
우리는 서울에 없었어.   📣 We weren't in Seoul.

어제 개교기념일이었잖아.
우리는 학교에 없었어.

먼저 출발해서
우리는 그 차에 없었어.

그 시간에
우리는 그 카페에 없었어.

잘못 본 거 아냐?
우리는 그 쇼핑몰에 없었어.

어제는 그냥 집에서 쉬었어.
우리는 그 헬스클럽에 없었어.

그땐 이미 집이었지.
우리는 그 병원에 없었어.

일상에서 쓰는 진짜 영어, 쉬운 영어!

5월 8일

 시어머니
아가, 토요일에 잠깐 반찬 갖다주려고 들렀는데 집에 없더구나

며느리
어머니, 말씀해 주시지 그러셨어요 ㅠㅠ

지난주에 제주도 놀러 가서
We weren't in Seoul. 저희는 서울에 없었어요.

죄송해요 ㅠㅠ

 시어머니
그랬구나~ 다른 볼일 볼 겸 간 거니 신경 쓰지 마렴

며느리
이번 주에 애들 데리고 찾아 뵐게요! ^^

보내기

DAY 12

나는 그 공원에서 출발할 거야.
I'll start at the park.   나는 …에서 ~할 거야

나 내일부터 자전거로 전국 투어 할 거야!
출발지는 좀 특별한 곳으로 하려고~
내가 처음 아빠한테 자전거 배운 공원 알지?
나는 그 공원에서 출발할 거야.
I'll start at the park.

이렇게 말해요!

'나는 그 공원에서 출발할 거야'는 이렇게 말하면 돼요.
I'll start (나는 출발할 거야) + at the park (그 공원에서)

at은 '…에서'라는 의미예요.

· 나는 그 공원**에서** 출발할 거야.   **I'll start at the park.**
                                          └ I'll은 I will의 줄임말이에요.

영어 문장을 따라하며 에코잉 해 보세요.

🎧 MP3를 들으며 메아리처럼 에코잉 해 보세요.

I ~ at …   나는 …에서 ~할 거야

> 영어 문장이 실제로 쓰이는 상황을 같이 보면 더 기억하기 쉬워요!

😊 어디 안 가고 '나는 집에서 일할 거야.'
I'll work **at** home.   나는 집에서 일할 거야.

😊 거기로 여행 가면 '나는 그 호텔에서 머무를 거야.'
I'll stay **at** the hotel.   나는 그 호텔에서 머무를 거야.

😊 메뉴가 괜찮아 보여서 '나는 그 식당에서 먹을 거야.'
I'll eat **at** the restaurant.   나는 그 식당에서 먹을 거야.

😊 외출한 김에 '나는 그 카페에서 차를 마실 거야.'
I'll drink tea **at** the café.   나는 그 카페에서 차를 마실 거야.

😊 도착하자마자 '나는 그 역에서 그녀에게 전화할 거야.'
I'll call her **at** the station.   나는 그 역에서 그녀에게 전화할 거야.

😊 마트는 머니까 '나는 그 시장에서 과일을 살 거야.'
I'll buy fruit **at** the market.   나는 그 시장에서 과일을 살 거야.

😊 1시에 '나는 그 공항에서 지우를 만날 거야.'
I'll meet 지우 **at** the airport.   나는 그 공항에서 지우를 만날 거야.

---

restaurant [뤠스토뢴트] 식당   **station** [스테이션] 역   **airport** [에어포트] 공항

우리말만 보고 영어로 **자동발사** 해 보세요.

🎧 MP3를 들으며 자동발사가 되는지 확인해 보세요.

나는 …에서 ~할 거야   I ~ at …

어디 안 가고
나는 집에서 일할 거야.   📢 I'll work at home.

거기로 여행 가면
나는 그 호텔에서 머무를 거야.   📢

메뉴가 괜찮아 보여서
나는 그 식당에서 먹을 거야.   📢

외출한 김에
나는 그 카페에서 차를 마실 거야.   📢

도착하자마자
나는 그 역에서 그녀에게 전화할 거야.   📢

마트는 머니까
나는 그 시장에서 과일을 살 거야.   📢

1시에
나는 그 공항에서 지우를 만날 거야.   📢

영어 문장을 **따라하며 에코잉** 해 보세요.

🎧 MP3를 들으며 메아리처럼 에코잉 해 보세요.

He ~ at …
그는 …에서 ~할 거야

😊 아마 이번 주말에도 '그는 집에서 일할 거야.'
He'll work **at** home.　　　　　그는 집에서 일할 거야.

😊 비싸도 '그는 그 호텔에서 머무를 거야.'
He'll stay **at** the hotel.　　　　그는 그 호텔에서 머무를 거야.

😊 포장해 오지 않고 '그는 그 식당에서 먹을 거야.'
He'll eat **at** the restaurant.　　그는 그 식당에서 먹을 거야.

😊 밥 먹은 후에 '그는 그 카페에서 차를 마실 거야.'
He'll drink tea **at** the café.　　그는 그 카페에서 차를 마실 거야.

😊 출발하기 전에 '그는 그 역에서 그녀에게 전화할 거야.'
He'll call her **at** the station.　그는 그 역에서 그녀에게 전화할 거야.

😊 오는 길에 '그는 그 시장에서 과일을 살 거야.'
He'll buy fruit **at** the market.　그는 그 시장에서 과일을 살 거야.

😊 내일 '그는 그 공항에서 지우를 만날 거야.'
He'll meet 지우 **at** the airport.　그는 그 공항에서 지우를 만날 거야.

restaurant [레스토랑트] 식당　　**station** [스테이션] 역　　**airport** [에어포트] 공항

우리말만 보고 영어로 **자동발사** 해 보세요.

🎧 MP3를 들으며 자동발사가 되는지 확인해 보세요.

그는 …에서 ~할 거야   He ~ at …

아마 이번 주말에도
그는 집에서 일할 거야.   He'll work at home.

비싸도
그는 그 호텔에서 머무를 거야.

포장해 오지 않고
그는 그 식당에서 먹을 거야.

밥 먹은 후에
그는 그 카페에서 차를 마실 거야.

출발하기 전에
그는 그 역에서 그녀에게 전화할 거야.

오는 길에
그는 그 시장에서 과일을 살 거야.

내일
그는 그 공항에서 지우를 만날 거야.

영어 문장을 **따라하며 에코잉** 해 보세요.

🎧 MP3를 들으며 메아리처럼 에코잉 해 보세요.

They ~ at … 그들은 …에서 ~할 거야

😐 퇴근 전까지 못 끝내면 '그들은 집에서 일할 거야.'
They'll work **at** home. — 그들은 집에서 일할 거야.

🙂 이미 예약했대. '그들은 그 호텔에서 머무를 거야.'
They'll stay **at** the hotel. — 그들은 그 호텔에서 머무를 거야.

🙂 외식한대. '그들은 그 식당에서 먹을 거야.'
They'll eat **at** the restaurant. — 그들은 그 식당에서 먹을 거야.

🙂 우선 만나서 '그들은 그 카페에서 차를 마실 거야.'
They'll drink tea **at** the café. — 그들은 그 카페에서 차를 마실 거야.

😐 기차에서 내리면 '그들은 그 역에서 그녀에게 전화할 거야.'
They'll call her **at** the station. — 그들은 그 역에서 그녀에게 전화할 거야.

🙂 싱싱하고 싸니까 '그들은 그 시장에서 과일을 살 거야.'
They'll buy fruit **at** the market. — 그들은 그 시장에서 과일을 살 거야.

🙂 마중 나갔으니 '그들은 그 공항에서 지우를 만날 거야.'
They'll meet 지우 **at** the airport. — 그들은 그 공항에서 지우를 만날 거야.

restaurant [뤠스토롼트] 식당　　**station** [스테이션] 역　　**airport** [에어포트] 공항

우리말만 보고 영어로 **자동발사** 해 보세요.

MP3를 들으며 자동발사가 되는지 확인해 보세요.

그들은 …에서 ~할 거야   **They ~ at …**

퇴근 전까지 못 끝내면
그들은 집에서 일할 거야.   They'll work at home.

이미 예약했대.
그들은 그 호텔에서 머무를 거야.

외식한대.
그들은 그 식당에서 먹을 거야.

우선 만나서
그들은 그 카페에서 차를 마실 거야.

기차에서 내리면
그들은 그 역에서 그녀에게 전화할 거야.

싱싱하고 싸니까
그들은 그 시장에서 과일을 살 거야.

마중 나갔으니
그들은 그 공항에서 지우를 만날 거야.

일상에서 쓰는 진짜 영어, 쉬운 영어!

10월 10일

지은

 민준
우와... 여기 어디야? 진짜 좋아 보인다

지은
몰디브에 있는 호텔이야

거기로 여행 가면
I'll stay at the hotel.
나는 그 호텔에서 머무를 거야.

 민준
언제 가는데? 여름에?

지은
글쎄... 죽기 전에 한 번쯤? ㅠㅠ

보내기

DAY 13

나는 내 엄마에게 답장해야 해.
I should reply to my mom.

나는 …에게/…로 ~해야 해

벌써 12시야?
으악! 엄마한테 문자가 5통이나 와 있었어!
엄마가 더 화나기 전에
나는 내 엄마에게 답장해야 해.
I should reply to my mom.

이렇게 말해요!

'나는 내 엄마에게 답장해야 해'는 이렇게 말하면 돼요.
                   I should reply (나는 답장해야 해) + to my mom (내 엄마에게)

to는 '…에게'라는 의미예요.

- 나는 내 엄마**에게** 답장해야 해.   I should reply **to** my mom.

따라하며 톡!

영어 문장을 따라하며 에코잉 해 보세요.

🎧 MP3를 들으며 메아리처럼 에코잉 해 보세요.

I ~ to …   나는 …에게/…로 ~해야 해

😊 떠나기 전에 '나는 그에게 말해야 해.'
> 영어 문장이 실제로 쓰이는 상황을 같이 보면 더 기억하기 쉬워요!

I should talk to him.   나는 그에게 말해야 해.

😊 실망시키지 않으려면 '나는 그 고객에게 선물을 보내야 해.'

I should send a gift to the client.   나는 그 고객에게 선물을 보내야 해.

😐 퇴근 전까지 '나는 그녀에게 이메일을 써야 해.'

I should write an e-mail to her.   나는 그녀에게 이메일을 써야 해.

😊 내일 만날 때 '나는 민주에게 그 책을 돌려줘야 해.'

I should return the book to 민주.   나는 민주에게 그 책을 돌려줘야 해.

😊 늦었어! '나는 그 사무실로 달려가야 해.'

I should run to the office.   나는 그 사무실로 달려가야 해.

😊 도착할 시간에 맞춰 '나는 그 버스 정류장으로 가야 해.'

I should go to the bus stop.   나는 그 버스 정류장으로 가야 해.

😊 애들이 아직 어려서 '나는 학교로 그들을 데려다줘야 해.'

I should take them to school.   나는 학교로 그들을 데려다줘야 해.

return [뤼턴] 돌려주다   **take** [테이크] 데려다주다

자동발사 톡!

우리말만 보고 영어로 **자동발사** 해 보세요.

🎧 MP3를 들으며 자동발사가 되는지 확인해 보세요.

나는 …에게/…로 ~해야 해 　　I ~ to …

떠나기 전에
나는 그에게 말해야 해.　　📢 I should talk to him.

실망시키지 않으려면
나는 그 고객에게 선물을 보내야 해.　　📢 I should send a gift to the client.

퇴근 전까지
나는 그녀에게 이메일을 써야 해.　　📢 I should write an e-mail to her.

내일 만날 때
나는 민주에게 그 책을 돌려줘야 해.　　📢 I should return the book to Minju.

늦었어!
나는 그 사무실로 달려가야 해.　　📢 I should run to the office.

도착할 시간에 맞춰
나는 그 버스 정류장으로 가야 해.　　📢 I should go to the bus stop.

애들이 아직 어려서
나는 학교로 그들을 데려다줘야 해.　　📢 I should take them to school.

영어 문장을 **따라하며** 에코잉 해 보세요.

MP3를 들으며 메아리처럼 에코잉 해 보세요.

He ~ to ··· 그는 ···에게/···로 ~해야 해

☺ 후회하지 않으려면 '그는 그에게 말해야 해.'
He should talk to him. 그는 그에게 말해야 해.

☺ 축하의 의미로 '그는 그 고객에게 선물을 보내야 해.'
He should send a gift to the client. 그는 그 고객에게 선물을 보내야 해.

☹ 번거로워도 '그는 그녀에게 이메일을 써야 해.'
He should write an e-mail to her. 그는 그녀에게 이메일을 써야 해.

☺ 빨리 읽고 '그는 민주에게 그 책을 돌려줘야 해.'
He should return the book to 민주. 그는 민주에게 그 책을 돌려줘야 해.

☺ 지각하지 않으려면 '그는 그 사무실로 달려가야 해.'
He should run to the office. 그는 그 사무실로 달려가야 해.

☺ 지금 바로 '그는 그 버스 정류장으로 가야 해.'
He should go to the bus stop. 그는 그 버스 정류장으로 가야 해.

☺ 아침마다 '그는 학교로 그들을 데려다줘야 해.'
He should take them to school. 그는 학교로 그들을 데려다줘야 해.

return [뤼턴] 돌려주다   **take** [테이크] 데려다주다

자동발사 톡!

우리말만 보고 영어로 **자동발사** 해 보세요.

🎧 MP3를 들으며 자동발사가 되는지 확인해 보세요.

그는 …에게/…로 ~해야 해   He ~ to …

후회하지 않으려면
그는 그에게 말해야 해.   📣 He should talk to him.

축하의 의미로
그는 그 고객에게 선물을 보내야 해.   📣

번거로워도
그는 그녀에게 이메일을 써야 해.   📣

빨리 읽고
그는 민주에게 그 책을 돌려줘야 해.   📣

지각하지 않으려면
그는 그 사무실로 달려가야 해.   📣

지금 바로
그는 그 버스 정류장으로 가야 해.   📣

아침마다
그는 학교로 그들을 데려다줘야 해.   📣

영어 문장을 **따라하며 에코잉** 해 보세요.

MP3를 들으며 메아리처럼 에코잉 해 보세요.

We ~ to … 우리는 …에게/…로 ~해야 해

😐 문제를 해결하려면 '우리는 그에게 말해야 해.'
We should talk **to** him. 우리는 그에게 말해야 해.

🙂 다음 달에 생일이래. '우리는 그 고객에게 선물을 보내야 해.'
We should send a gift **to** the client. 우리는 그 고객에게 선물을 보내야 해.

🙂 전화번호를 모르니까 '우리는 그녀에게 이메일을 써야 해.'
We should write an e-mail **to** her. 우리는 그녀에게 이메일을 써야 해.

🙂 잊지 말고 '우리는 민주에게 그 책을 돌려줘야 해.'
We should return the book **to** 민주. 우리는 민주에게 그 책을 돌려줘야 해.

🙂 지하철에서 내리자마자 '우리는 그 사무실로 달려가야 해.'
We should run **to** the office. 우리는 그 사무실로 달려가야 해.

😐 더 늦기 전에 '우리는 그 버스 정류장으로 가야 해.'
We should go **to** the bus stop. 우리는 그 버스 정류장으로 가야 해.

🙂 준비 끝나면 '우리는 학교로 그들을 데려다줘야 해.'
We should take them **to** school. 우리는 학교로 그들을 데려다줘야 해.

return [뤼턴] 돌려주다   **take** [테이크] 데려다주다

우리말만 보고 영어로 **자동발사** 해 보세요.

🎧 MP3를 들으며 자동발사가 되는지 확인해 보세요.

우리는 …에게/…로 ~해야 해   We ~ to …

문제를 해결하려면
우리는 그에게 말해야 해.   📢 We should talk to him.

다음 달에 생일이래.
우리는 그 고객에게 선물을 보내야 해.   📢

전화번호를 모르니까
우리는 그녀에게 이메일을 써야 해.   📢

잊지 말고
우리는 민주에게 그 책을 돌려줘야 해.   📢

지하철에서 내리자마자
우리는 그 사무실로 달려가야 해.   📢

더 늦기 전에
우리는 그 버스 정류장으로 가야 해.   📢

준비 끝나면
우리는 학교로 그들을 데려다줘야 해.   📢

일상에서 쓰는 진짜 영어, 쉬운 영어!

7월 17일

상현
오늘 동생이 집에 내려온다며?

 지영
어... 데리러 가기 귀찮다...

도착할 시간에 맞춰
I should go to the bus stop.
나는 그 버스 정류장으로 가야 해.

상현
역에서 버스 타면 바로 집 앞에 서지 않아?

 지영
10년 동안 다닌 길도 못 찾는 길치거든...

그냥 두면 어디서 헤맬지 몰라 ㅋㅋㅋㅋ

상현

    보내기

DAY 14

나는 의사로부터 그걸 들었어.
I heard it from a doctor.　　　　나는 …로부터 ~했어

이렇게 말해요!

'나는 의사로부터 그걸 들었어'는 이렇게 말하면 돼요.
　　　　　　　I heard it (나는 그걸 들었어) + from a doctor (의사로부터)

from은 '…로부터'라는 의미예요.

· 나는 의사**로부터** 그걸 들었어.　　　I heard it **from** a doctor.

따라하며 톡!

영어 문장을 따라하며 에코잉 해 보세요.

🎧 MP3를 들으며 메아리처럼 에코잉 해 보세요.

I ~ from …   나는 …로부터 ~했어

😊 다 썼다길래 '나는 수지로부터 그걸 빌렸어.' 영어 문장이 실제로 쓰이는 상황을 같이 보면 더 기억하기 쉬워요!
I borrowed it from 수지.   나는 수지로부터 그걸 빌렸어.

😊 직접 산 건 아니고, '나는 민수로부터 그 표를 얻었어.'
I got the ticket from 민수.   나는 민수로부터 그 표를 얻었어.

😊 지난달에 '나는 그 코치로부터 골프를 배웠어.'
I learned golf from the coach.   나는 그 코치로부터 골프를 배웠어.

😊 새것 아니야. '나는 친구로부터 그 카메라를 샀어.'
I bought the camera from a friend.   나는 친구로부터 그 카메라를 샀어.

😊 산책하고 싶어서 '나는 그 공원으로부터 걸어왔어.'
I walked from the park.   나는 그 공원으로부터 걸어왔어.

😊 다른 데 안 들르고 '나는 그 공항으로부터 왔어.'
I came from the airport.   나는 그 공항으로부터 왔어.

😊 거실에서 보려고 '나는 내 방으로부터 그 TV를 옮겼어.'
I moved the TV from my room.   나는 내 방으로부터 그 TV를 옮겼어.

---

borrow [바뤄우] 빌리다   **got** [갓] get의 과거   **coach** [코치] 코치

우리말만 보고 영어로 **자동발사** 해 보세요.

🎧 MP3를 들으며 자동발사가 되는지 확인해 보세요.

나는 …로부터 ~했어   I ~ from …

다 썼다길래
나는 수지로부터 그걸 빌렸어.   📢 I borrowed it from 수지.

직접 산 건 아니고,
나는 민수로부터 그 표를 얻었어.   📢

지난달에
나는 그 코치로부터 골프를 배웠어.   📢

새것 아니야.
나는 친구로부터 그 카메라를 샀어.   📢

산책하고 싶어서
나는 그 공원으로부터 걸어왔어.   📢

다른 데 안 들르고
나는 그 공항으로부터 왔어.   📢

거실에서 보려고
나는 내 방으로부터 그 TV를 옮겼어.   📢

영어 문장을 따라하며 에코잉 해 보세요.

🎧 MP3를 들으며 메아리처럼 에코잉 해 보세요.

She ~ from ···   그녀는 ···로부터 ~했어

☺ 재미있어 보인다고 '그녀는 수지로부터 그걸 빌렸어.'
She borrowed it from 수지.   그녀는 수지로부터 그걸 빌렸어.

☺ 꼭 보고 싶어 하던 공연인데, '그녀는 민수로부터 그 표를 얻었어.'
She got the ticket from 민수.   그녀는 민수로부터 그 표를 얻었어.

☺ 골프 연습장에서 '그녀는 그 코치로부터 골프를 배웠어.'
She learned golf from the coach.   그녀는 그 코치로부터 골프를 배웠어.

☺ 아주 저렴하게 '그녀는 친구로부터 그 카메라를 샀어.'
She bought the camera from a friend.   그녀는 친구로부터 그 카메라를 샀어.

☺ 운동도 할 겸 '그녀는 그 공원으로부터 걸어왔어.'
She walked from the park.   그녀는 그 공원으로부터 걸어왔어.

☺ 아빠 차 타고 '그녀는 그 공항으로부터 왔어.'
She came from the airport.   그녀는 그 공항으로부터 왔어.

☺ 공부에 집중하라면서 '그녀는 내 방으로부터 그 TV를 옮겼어.'
She moved the TV from my room.   그녀는 내 방으로부터 그 TV를 옮겼어.

bought [바트] buy의 과거   **came** [케임] come의 과거

우리말만 보고 영어로 **자동발사** 해 보세요.

🎧 MP3를 들으며 자동발사가 되는지 확인해 보세요.

그녀는 …로부터 ~했어   She ~ from …

재미있어 보인다고
그녀는 수지로부터 그걸 빌렸어. 📢 She borrowed it from 수지.

꼭 보고 싶어 하던 공연인데,
그녀는 민수로부터 그 표를 얻었어. 📢

골프 연습장에서
그녀는 그 코치로부터 골프를 배웠어. 📢

아주 저렴하게
그녀는 친구로부터 그 카메라를 샀어. 📢

운동도 할 겸
그녀는 그 공원으로부터 걸어왔어. 📢

아빠 차 타고
그녀는 그 공항으로부터 왔어. 📢

공부에 집중하라면서
그녀는 내 방으로부터 그 TV를 옮겼어. 📢

영어 문장을 **따라하며 에코잉** 해 보세요.

🎧 MP3를 들으며 메아리처럼 에코잉 해 보세요.

지호 ~ from … 　　　　　　지호는 …로부터 ~했어

☺ 금방 돌려주겠다며 '지호는 수지로부터 그걸 빌렸어.'
지호 borrowed it **from** 수지.　　　지호는 수지로부터 그걸 빌렸어.

☺ 운이 좋게도 '지호는 민수로부터 그 표를 얻었어.'
지호 got the ticket **from** 민수.　　지호는 민수로부터 그 표를 얻었어.

☺ 나랑 같이 '지호는 그 코치로부터 골프를 배웠어.'
지호 learned golf **from** the coach.　지호는 그 코치로부터 골프를 배웠어.

☺ 중고야. '지호는 친구로부터 그 카메라를 샀어.'
지호 bought the camera **from** a friend.　지호는 친구로부터 그 카메라를 샀어.

☺ 살 뺀다고 '지호는 그 공원으로부터 걸어왔어.'
지호 walked **from** the park.　　　지호는 그 공원으로부터 걸어왔어.

☺ 오늘 새벽에 '지호는 그 공항으로부터 왔어.'
지호 came **from** the airport.　　　지호는 그 공항으로부터 왔어.

☹ 나랑 같이 '지호는 내 방으로부터 그 TV를 옮겼어.'
지호 moved the TV **from** my room.　지호는 내 방으로부터 그 TV를 옮겼어.

airport [에어포트] 공항　　**move** [무브] 옮기다

우리말만 보고 영어로 **자동발사** 해 보세요.

MP3를 들으며 자동발사가 되는지 확인해 보세요.

지호는 …로부터 ~했어 / 지호 ~ from …

금방 돌려주겠다며
지호는 수지로부터 그걸 빌렸어. → 지호 borrowed it from 수지.

운이 좋게도
지호는 민수로부터 그 표를 얻었어.

나랑 같이
지호는 그 코치로부터 골프를 배웠어.

중고야.
지호는 친구로부터 그 카메라를 샀어.

살 뺀다고
지호는 그 공원으로부터 걸어왔어.

오늘 새벽에
지호는 그 공항으로부터 왔어.

나랑 같이
지호는 내 방으로부터 그 TV를 옮겼어.

일상에서 쓰는 진짜 영어, 쉬운 영어!

4월 25일

 상현
형 나 카메라 샀다~

상민
대박! 돈 많이 썼겠네 ㅋㅋㅋㅋ

 상현
새것 아니야
I bought the camera from a friend.
나는 친구로부터 그 카메라를 샀어.

정가의 반값 정도밖에 안 줬지롱 ㅋㅋㅋ

상민
헐... 좋겠다...

그 친구 혹시 팔 거 또 없대? ㅋㅋㅋㅋ

보내기

DAY 15

나는 내 동생을 위해 싸울 거야.
I'll fight for my brother. 나는 …을 위해 ~할 거야

일단 내가 혼내준다 하고 나오긴 했는데…
이 녀석… 너무 무섭게 생겼잖아!!
그래도 내 동생이 맞았다는데…
나는 내 동생을 위해 싸울 거야.
I'll fight for my brother.

이렇게 말해요!

'나는 내 동생을 위해 싸울 거야'는 이렇게 말하면 돼요.
 I'll fight (나는 싸울 거야) + for my brother (내 동생을 위해)

for는 '…을 위해'라는 의미예요.

· 나는 내 동생**을 위해** 싸울 거야.　　　I'll fight **for** my brother.

영어 문장을 **따라하며** 에코잉 해 보세요.

🎧 MP3를 들으며 메아리처럼 에코잉 해 보세요.

I ~ for … 　　　　　　　　　나는 …을 위해 ~할 거야

😊 이따 계산할 때 '나는 그를 위해 돈을 낼 거야.'　　영어 문장이 실제로 쓰이는 상황을 같이 보면 더 기억하기 쉬워요!
I'll pay **for** him.　　　　　　　　　　　　　나는 그를 위해 돈을 낼 거야.

😊 서툴겠지만 '나는 그녀를 위해 요리할 거야.'
I'll cook **for** her.　　　　　　　　　　　　나는 그녀를 위해 요리할 거야.

😊 네가 좋아하니까 '나는 너를 위해 커피를 만들 거야.'
I'll make coffee **for** you.　　　　　　　　나는 너를 위해 커피를 만들 거야.

😊 내일이 소라 생일이잖아. '나는 소라를 위해 케이크를 준비할 거야.'
I'll prepare a cake **for** 소라.　　　　　　나는 소라를 위해 케이크를 준비할 거야.

😐 최선을 다해 '나는 그 시험을 위해 공부할 거야.'
I'll study **for** the test.　　　　　　　　　나는 그 시험을 위해 공부할 거야.

😊 밤늦게까지 '나는 그 경기를 위해 연습할 거야.'
I'll practice **for** the game.　　　　　　　나는 그 경기를 위해 연습할 거야.

😊 배낭여행 가는데, '나는 그 여행을 위해 돈을 저축할 거야.'
I'll save money **for** the trip.　　　　　　나는 그 여행을 위해 돈을 저축할 거야.

prepare [프리페어] 준비하다　　**practice** [프렉티스] 연습하다

우리말만 보고 영어로 **자동발사** 해 보세요.

나는 …을 위해 ~할 거야   **I ~ for …**

이따 계산할 때
나는 그를 위해 돈을 낼 거야.   I'll pay for him.

서툴겠지만
나는 그녀를 위해 요리할 거야.

네가 좋아하니까
나는 너를 위해 커피를 만들 거야.

내일이 소라 생일이잖아.
나는 소라를 위해 케이크를 준비할 거야.

최선을 다해
나는 그 시험을 위해 공부할 거야.

밤늦게까지
나는 그 경기를 위해 연습할 거야.

배낭여행 가는데,
나는 그 여행을 위해 돈을 저축할 거야.

영어 문장을 **따라하며 에코잉** 해 보세요.

🎧 MP3를 들으며 메아리처럼 에코잉 해 보세요.

They ~ for …   그들은 …을 위해 ~할 거야

🙂 아직 민수는 학생이니까 '그들은 그를 위해 돈을 낼 거야.'
They'll pay **for** him.   그들은 그를 위해 돈을 낼 거야.

🙂 기쁜 마음으로 '그들은 그녀를 위해 요리할 거야.'
They'll cook **for** her.   그들은 그녀를 위해 요리할 거야.

🙂 주문하면 바로 '그들은 너를 위해 커피를 만들 거야.'
They'll make coffee **for** you.   그들은 너를 위해 커피를 만들 거야.

🙂 깜짝 선물로 '그들은 소라를 위해 케이크를 준비할 거야.'
They'll prepare a cake **for** 소라.   그들은 소라를 위해 케이크를 준비할 거야.

🙂 꼭 필요한 자격증이라 '그들은 그 시험을 위해 공부할 거야.'
They'll study **for** the test.   그들은 그 시험을 위해 공부할 거야.

🙂 날씨가 추워도 '그들은 그 경기를 위해 연습할 거야.'
They'll practice **for** the game.   그들은 그 경기를 위해 연습할 거야.

🙂 지금부터 '그들은 그 여행을 위해 돈을 저축할 거야.'
They'll save money **for** the trip.   그들은 그 여행을 위해 돈을 저축할 거야.

prepare [프뤼페어] 준비하다   **practice** [프렉티스] 연습하다

우리말만 보고 영어로 **자동발사** 해 보세요.

🎧 MP3를 들으며 자동발사가 되는지 확인해 보세요.

그들은 …을 위해 ~할 거야 — They ~ for …

아직 민수는 학생이니까
그들은 그를 위해 돈을 낼 거야. 📢 They'll pay for him.

기쁜 마음으로
그들은 그녀를 위해 요리할 거야. 📢 We'll cook for her.

주문하면 바로
그들은 너를 위해 커피를 만들 거야. 📢 We'll make coffee for you.

깜짝 선물로
그들은 소라를 위해 케이크를 준비할 거야. 📢 We'll prepare a cake for Sora.

꼭 필요한 자격증이라
그들은 그 시험을 위해 공부할 거야. 📢 We'll study for the test.

날씨가 추워도
그들은 그 경기를 위해 연습할 거야. 📢 We'll practice for the game.

지금부터
그들은 그 여행을 위해 돈을 저축할 거야. 📢 We'll save money for the trip.

영어 문장을 **따라하며 에코잉** 해 보세요.

🎧 MP3를 들으며 메아리처럼 에코잉 해 보세요.

We ~ for …   우리는 …을 위해 ~할 거야

😊 저번에 얻어먹었으니 '우리는 그를 위해 돈을 낼 거야.'
We'll pay **for** him.   우리는 그를 위해 돈을 낼 거야.

😊 엄마 피곤하시니까 '우리는 그녀를 위해 요리할 거야.'
We'll cook **for** her.   우리는 그녀를 위해 요리할 거야.

😊 후식으로 '우리는 너를 위해 커피를 만들 거야.'
We'll make coffee **for** you.   우리는 너를 위해 커피를 만들 거야.

😊 병문안 갈 때 '우리는 소라를 위해 케이크를 준비할 거야.'
We'll prepare a cake **for** 소라.   우리는 소라를 위해 케이크를 준비할 거야.

😐 피곤하지만 '우리는 그 시험을 위해 공부할 거야.'
We'll study **for** the test.   우리는 그 시험을 위해 공부할 거야.

😊 내일도 새벽부터 '우리는 그 경기를 위해 연습할 거야.'
We'll practice **for** the game.   우리는 그 경기를 위해 연습할 거야.

😊 매달 10만 원씩 '우리는 그 여행을 위해 돈을 저축할 거야.'
We'll save money **for** the trip.   우리는 그 여행을 위해 돈을 저축할 거야.

prepare [프리페어] 준비하다   **practice** [프렉티스] 연습하다

우리말만 보고 영어로 **자동발사** 해 보세요.

🎧 MP3를 들으며 자동발사가 되는지 확인해 보세요.

우리는 …을 위해 ~할 거야   We ~ for …

저번에 얻어먹었으니
우리는 그를 위해 돈을 낼 거야.   📢 We'll pay for him.

엄마 피곤하시니까
우리는 그녀를 위해 요리할 거야.   📢

후식으로
우리는 너를 위해 커피를 만들 거야.   📢

병문안 갈 때
우리는 소라를 위해 케이크를 준비할 거야.   📢

피곤하지만
우리는 그 시험을 위해 공부할 거야.   📢

내일도 새벽부터
우리는 그 경기를 위해 연습할 거야.   📢

매달 10만 원씩
우리는 그 여행을 위해 돈을 저축할 거야.   📢

일상에서 쓰는 진짜 영어, 쉬운 영어!

5월 12일

성주

내일이 소라 생일이잖아
I'll prepare a cake for 소라.
나는 소라를 위해 케이크를 준비할 거야.

너 뭐 준비했어?

 재훈

계란!

성주

계란을? 생일 선물로?

 재훈

응 ㅋㅋㅋ 30살이니까 계란 한 판 ㅋㅋㅋㅋ

성주

너 그러다가 생을 마감할 수도 있어 ㅋㅋㅋㅋ

보내기

DAY 16

나는 내 친구들과 그 파티를 즐겼어.
I enjoyed the party with my friends.   나는 …와/…으로 ~했어

헐... 왜 이렇게 지갑에 돈이 없지?!
어제 생일파티에 돈을 너무 많이 썼나...?
아니야 괜찮아!! 나는 후회 없어!
나는 내 친구들과 그 파티를 즐겼어.
I enjoyed the party with my friends.

이렇게 말해요!

'나는 내 친구들과 그 파티를 즐겼어'는 이렇게 말하면 돼요.
　　　　　I enjoyed the party (나는 그 파티를 즐겼어) + **with** my friends (내 친구들과)

with는 '…와'라는 의미예요.

・나는 내 친구들**과** 그 파티를 즐겼어.　　I enjoyed the party **with** my friends.

영어 문장을 **따라하며** 에코잉 해 보세요.

🎧 MP3를 들으며 메아리처럼 에코잉 해 보세요.

I ~ with …   나는 …와/…으로 ~했어

😊 주말 동안 '나는 지수와 여행했어.'   영어 문장이 실제로 쓰이는 상황을 같이 보면 더 기억하기 쉬워요!
I traveled **with** 지수.   나는 지수와 여행했어.

😊 지난주 금요일에 '나는 시은이와 쇼핑을 갔어.'
I went shopping **with** 시은.   나는 시은이와 쇼핑을 갔어.

😊 휴일에 '나는 친구와 영화를 봤어.'
I watched a movie **with** a friend.   나는 친구와 영화를 봤어.

😊 어제 저녁에도 '나는 그들과 테니스를 쳤어.'
I played tennis **with** them.   나는 그들과 테니스를 쳤어.

😑 젓가락이 없어서 '나는 포크로 먹었어.'
I ate **with** a fork.   나는 포크로 먹었어.

😊 잉크가 묻어서 '나는 비누로 손을 씻었어.'
I washed hands **with** soap.   나는 비누로 손을 씻었어.

😊 내 것보다 더 잘 나와서 '나는 그의 전화기로 사진을 찍었어.'
I took a picture **with** his phone.   나는 그의 전화기로 사진을 찍었어.

went [웬트] go의 과거   **ate** [에이트] eat의 과거   **soap** [솝] 비누   **took** [투크] take의 과거

우리말만 보고 영어로 **자동발사** 해 보세요.

🎧 MP3를 들으며 자동발사가 되는지 확인해 보세요.

나는 …와/…으로 ~했어   I ~ with …

주말 동안
나는 지수와 여행했어.   📢 I traveled with 지수.

지난주 금요일에
나는 시은이와 쇼핑을 갔어.

휴일에
나는 친구와 영화를 봤어.

어제 저녁에도
나는 그들과 테니스를 쳤어.

젓가락이 없어서
나는 포크로 먹었어.

잉크가 묻어서
나는 비누로 손을 씻었어.

내 것보다 더 잘 나와서
나는 그의 전화기로 사진을 찍었어.

영어 문장을 **따라하며 에코잉** 해 보세요.

🎧 MP3를 들으며 메아리처럼 에코잉 해 보세요.

He ~ with …   그는 …와/…으로 ~했어

😊 여름휴가 때 '그는 지수와 여행했어.'
He traveled **with** 지수.   그는 지수와 여행했어.

😊 코트를 사려고 '그는 시은이와 쇼핑을 갔어.'
He went shopping **with** 시은.   그는 시은이와 쇼핑을 갔어.

😊 시내에서 '그는 친구와 영화를 봤어.'
He watched a movie **with** a friend.   그는 친구와 영화를 봤어.

😊 운동 삼아서 '그는 그들과 테니스를 쳤어.'
He played tennis **with** them.   그는 그들과 테니스를 쳤어.

☹️ 젓가락질 못 한다며 '그는 포크로 먹었어.'
He ate **with** a fork.   그는 포크로 먹었어.

😊 밥 먹기 전에 '그는 비누로 손을 씻었어.'
He washed hands **with** soap.   그는 비누로 손을 씻었어.

😊 카메라를 안 가져와서 '그는 그의 전화기로 사진을 찍었어.'
He took a picture **with** his phone.   그는 그의 전화기로 사진을 찍었어.

went [웬트] go의 과거   ate [에이트] eat의 과거   soap [솝] 비누   took [투크] take의 과거

우리말만 보고 영어로 **자동발사** 해 보세요.

🎧 MP3를 들으며 자동발사가 되는지 확인해 보세요.

그는 …와/…으로 ~했어   He ~ with …

여름휴가 때
그는 지수와 여행했어.
📢 He traveled with 지수.

코트를 사려고
그는 시은이와 쇼핑을 갔어.
📢

시내에서
그는 친구와 영화를 봤어.
📢

운동 삼아서
그는 그들과 테니스를 쳤어.
📢

젓가락질 못 한다며
그는 포크로 먹었어.
📢

밥 먹기 전에
그는 비누로 손을 씻었어.
📢

카메라를 안 가져와서
그는 그의 전화기로 사진을 찍었어.
📢

따라하며 톡!

영어 문장을 **따라하며** 에코잉 해 보세요.

🎧 MP3를 들으며 메아리처럼 에코잉 해 보세요.

유나 ~ with …   유나는 …와/…으로 ~했어

☺ 미국에 가서 '유나는 지수와 여행했어.'
유나 traveled with 지수.   유나는 지수와 여행했어.

☺ 이번에도 '유나는 시은이와 쇼핑을 갔어.'
유나 went shopping with 시은.   유나는 시은이와 쇼핑을 갔어.

☺ 오후에 '유나는 친구와 영화를 봤어.'
유나 watched a movie with a friend.   유나는 친구와 영화를 봤어.

☺ 체육 시간에 '유나는 그들과 테니스를 쳤어.'
유나 played tennis with them.   유나는 그들과 테니스를 쳤어.

☺ 그게 더 편하다고 '유나는 포크로 먹었어.'
유나 ate with a fork.   유나는 포크로 먹었어.

☹ 집에 오자마자 '유나는 비누로 손을 씻었어.'
유나 washed hands with soap.   유나는 비누로 손을 씻었어.

☺ 남동생 걸 빌려서 '유나는 그의 전화기로 사진을 찍었어.'
유나 took a picture with his phone.   유나는 그의 전화기로 사진을 찍었어.

went [웬트] go의 과거   **ate** [에이트] eat의 과거   **soap** [솝] 비누   **took** [투크] take의 과거

자동발사

우리말만 보고 영어로 **자동발사** 해 보세요.

🎧 MP3를 들으며 자동발사가 되는지 확인해 보세요.

유나는 …와/…으로 ~했어   유나 ~ with …

미국에 가서
유나는 지수와 여행했어.   📣 유나 traveled with 지수.

이번에도
유나는 시은이와 쇼핑을 갔어.   📣

오후에
유나는 친구와 영화를 봤어.   📣

체육 시간에
유나는 그들과 테니스를 쳤어.   📣

그게 더 편하다고
유나는 포크로 먹었어.   📣

집에 오자마자
유나는 비누로 손을 씻었어.   📣

남동생 걸 빌려서
유나는 그의 전화기로 사진을 찍었어.   📣

일상에서 쓰는 진짜 영어, 쉬운 영어!

2월 14일

 연아
우리 이번에 어디로 여행가고 싶은지 서로 말했었잖아

애들은 거의 다 바다로 가고 싶다고 했는데
너는 어디로 가고 싶다고 했더라?

혜정
I went with the flow

 연아
flow랑 갔다고? flow가 누구야?

혜정
아니 그게 아니라 나는 flow! 대세에 따랐다고 ㅋㅋ
I went with the flow. 나는 대세에 따랐어.

나도 바다에 한 표 던졌지!

 연아
오 그렇구나!
You went with the flow!

보내기

DAY 17

나는 그녀에 대해 너에게 말해줄 수 있어.
I can tell you about her.   나는 …에 대해 ~할 수 있어

아까 인사한 애? 고등학교 때 친구야. 왜?
너… 마음에 들었구나?! 커피라도 한 잔 사주면
나는 그녀에 대해 너에게 말해줄 수 있어.
I can tell you about her.

이렇게 말해요!

'나는 그녀에 대해 너에게 말해줄 수 있어'는 이렇게 말하면 돼요.
I can tell you (나는 너에게 말해줄 수 있어) + about her (그녀에 대해)

about은 '…에 대해'라는 의미예요.

• 나는 그녀**에 대해** 너에게 말해줄 수 있어.   I can tell you **about** her.

영어 문장을 따라하며 에코잉 해 보세요.

🎧 MP3를 들으며 메아리처럼 에코잉 해 보세요.

I ~ about … 나는 …에 대해 ~할 수 있어

😊 네가 원한다면 '나는 그에 대해 확인할 수 있어.' <small>영어 문장이 실제로 쓰이는 상황을 같이 보면 더 기억하기 쉬워요!</small>

I can check about him. 나는 그에 대해 확인할 수 있어.

😊 인터넷을 찾아보고 '나는 김연아에 대해 쓸 수 있어.'

I can write about 김연아. 나는 김연아에 대해 쓸 수 있어.

😊 사소한 실수니까 '나는 그것에 대해 잊을 수 있어.'

I can forget about it. 나는 그것에 대해 잊을 수 있어.

😊 시간을 주면 '나는 네 아이디어에 대해 생각해볼 수 있어.'

I can think about your idea. 나는 네 아이디어에 대해 생각해볼 수 있어.

😊 얼마에 샀는지 '나는 그 가격에 대해 진수에게 물어볼 수 있어.'

I can ask 진수 about the price. 나는 그 가격에 대해 진수에게 물어볼 수 있어.

😊 직접 가 보지 않아도 '나는 그 나라에 대해 배울 수 있어.'

I can learn about the country. 나는 그 나라에 대해 배울 수 있어.

😐 너를 대신해서 '나는 그 문제에 대해 항의할 수 있어.'

I can complain about the problem. 나는 그 문제에 대해 항의할 수 있어.

idea [아이디어] 아이디어   **price** [프라이스] 가격   **complain** [컴플레인] 항의하다

나는 …에 대해 ~할 수 있어 I ~ about …

네가 원한다면
나는 그에 대해 확인할 수 있어. I can check about him.

인터넷을 찾아보고
나는 김연아에 대해 쓸 수 있어.

사소한 실수니까
나는 그것에 대해 잊을 수 있어.

시간을 주면
나는 네 아이디어에 대해 생각해볼 수 있어.

얼마에 샀는지
나는 그 가격에 대해 진수에게 물어볼 수 있어.

직접 가 보지 않아도
나는 그 나라에 대해 배울 수 있어.

너를 대신해서
나는 그 문제에 대해 항의할 수 있어.

영어 문장을 **따라하며** 에코잉 해 보세요.

MP3를 들으며 메아리처럼 에코잉 해 보세요.

He ~ about …
그는 …에 대해 ~할 수 있어

😊 그쪽에 아는 사람이 있으니 '그는 그에 대해 확인할 수 있어.'
He can check about him.   그는 그에 대해 확인할 수 있어.

😊 작문 숙제할 때 '그는 김연아에 대해 쓸 수 있어.'
He can write about 김연아.   그는 김연아에 대해 쓸 수 있어.

😊 너무 걱정 마. '그는 그것에 대해 잊을 수 있어.'
He can forget about it.   그는 그것에 대해 잊을 수 있어.

😊 한번 제안해 봐. '그는 네 아이디어에 대해 생각해볼 수 있어.'
He can think about your idea.   그는 네 아이디어에 대해 생각해볼 수 있어.

😊 얼마인지 궁금하면 '그는 그 가격에 대해 진수에게 물어볼 수 있어.'
He can ask 진수 about the price.   그는 그 가격에 대해 진수에게 물어볼 수 있어.

😊 검색 몇 번으로도 '그는 그 나라에 대해 배울 수 있어.'
He can learn about the country.   그는 그 나라에 대해 배울 수 있어.

☹ 소비자로서 당연히 '그는 그 문제에 대해 항의할 수 있어.'
He can complain about the problem.   그는 그 문제에 대해 항의할 수 있어.

idea [아이디어] 아이디어 **price** [프라이스] 가격 **complain** [컴플레인] 항의하다

자동발사 톡!

우리말만 보고 영어로 **자동발사** 해 보세요.

🎧 MP3를 들으며 자동발사가 되는지 확인해 보세요.

| 그는 …에 대해 ~할 수 있어 | **He ~ about …** |

그쪽에 아는 사람이 있으니
그는 그에 대해 확인할 수 있어. 📢 He can check about him.

작문 숙제할 때
그는 김연아에 대해 쓸 수 있어. 📢

너무 걱정 마.
그는 그것에 대해 잊을 수 있어. 📢

한번 제안해 봐.
그는 네 아이디어에 대해 생각해볼 수 있어. 📢

얼마인지 궁금하면
그는 그 가격에 대해 진수에게 물어볼 수 있어. 📢

검색 몇 번으로도
그는 그 나라에 대해 배울 수 있어. 📢

소비자로서 당연히
그는 그 문제에 대해 항의할 수 있어. 📢

영어 문장을 **따라하며** 에코잉 해 보세요.

MP3를 들으며 메아리처럼 에코잉 해 보세요.

We ~ about … 우리는 …에 대해 ~할 수 있어

😊 필요하다면 '우리는 그에 대해 확인할 수 있어.'
We can check about him. 우리는 그에 대해 확인할 수 있어.

😊 자료는 많으니까 '우리는 김연아에 대해 쓸 수 있어.'
We can write about 김연아. 우리는 김연아에 대해 쓸 수 있어.

☹️ 이 얘기 다신 하지 말자. '우리는 그것에 대해 잊을 수 있어.'
We can forget about it. 우리는 그것에 대해 잊을 수 있어.

😊 이메일로 제출한다면 '우리는 네 아이디어에 대해 생각해볼 수 있어.'
We can think about your idea. 우리는 네 아이디어에 대해 생각해볼 수 있어.

😊 진수도 그거 샀다던데? '우리는 그 가격에 대해 진수에게 물어볼 수 있어.'
We can ask 진수 about the price. 우리는 그 가격에 대해 진수에게 물어볼 수 있어.

😊 여행을 가 보면 '우리는 그 나라에 대해 배울 수 있어.'
We can learn about the country. 우리는 그 나라에 대해 배울 수 있어.

☹️ 고객센터에 전화해서 '우리는 그 문제에 대해 항의할 수 있어.'
We can complain about the problem. 우리는 그 문제에 대해 항의할 수 있어.

idea [아이디어] 아이디어   **price** [프라이스] 가격   **complain** [컴플레인] 항의하다

우리말만 보고 영어로 **자동발사** 해 보세요.

🎧 MP3를 들으며 자동발사가 되는지 확인해 보세요.

우리는 …에 대해 ~할 수 있어   We ~ about …

필요하다면
우리는 그에 대해 확인할 수 있어. 📢 We can check about him.

자료는 많으니까
우리는 김연아에 대해 쓸 수 있어. 📢

이 얘기 다신 하지 말자.
우리는 그것에 대해 잊을 수 있어. 📢

이메일로 제출한다면
우리는 네 아이디어에 대해 생각해볼 수 있어. 📢

진수도 그거 샀다던데?
우리는 그 가격에 대해 진수에게 물어볼 수 있어. 📢

여행을 가 보면
우리는 그 나라에 대해 배울 수 있어. 📢

고객센터에 전화해서
우리는 그 문제에 대해 항의할 수 있어. 📢

일상에서 쓰는 진짜 영어, 쉬운 영어!

4월 8일

 재훈
야, 있잖아

어제 내 동생이 라면을 사왔는데 내용물이 좀 이상했어 ㅋㅋㅋ

지영

불량이었어? 신고해 버려!

소비자로서 당연히
He can complain about the problem.
그는 그 문제에 대해 항의할 수 있어.

 재훈
괜찮아 ㅋㅋㅋ 불평할 만한 건 아니었어!

다시마가 2개 들어 있어서 좋았거든 ㅋㅋㅋㅋ

  보내기

DAY 18

나는 너 때문에 내 헤어스타일을 바꿨어.
I changed my hairstyle because of you. 나는 … 때문에 ~했어

이렇게 말해요!

'나는 너 때문에 내 헤어스타일을 바꿨어'는 이렇게 말하면 돼요.
I changed my hairstyle (나는 내 헤어스타일을 바꿨어) + because of you (너 때문에)

because of는 '… 때문에'라는 의미예요.

· 나는 너 **때문에** 내 헤어스타일을 바꿨어. I changed my hairstyle **because of** you.

따라하며 톡!

영어 문장을 따라하며 에코잉 해 보세요.

🎧 MP3를 들으며 메아리처럼 에코잉 해 보세요.

I ~ because of … 　　　　　나는 … 때문에 ~했어

😊 웃으면 안 되는데, '나는 그 때문에 웃었어.'　💬 영어 문장이 실제로 쓰이는 상황을 같이 보면 더 기억하기 쉬워요!

I laughed because of him.

　　　　　　　　　　　　　　　　　나는 그 때문에 웃었어.

🙂 내키진 않았지만 '나는 진아 때문에 동의했어.'

I agreed because of 진아.

　　　　　　　　　　　　　　　　　나는 진아 때문에 동의했어.

😊 휴가 반납하려다가 '나는 친구들 때문에 그 계획을 바꿨어.'

I changed the plan because of friends.

　　　　　　　　　　　　　　　　　나는 친구들 때문에 그 계획을 바꿨어.

😊 무엇보다도 '나는 그 가격 때문에 그걸 골랐어.'

I chose it because of the price.

　　　　　　　　　　　　　　　　　나는 그 가격 때문에 그걸 골랐어.

😊 자신은 없었지만 '나는 그의 조언 때문에 중국어를 배웠어.'

I learned Chinese because of his advice.

　　　　　　　　　　　　　　　　　나는 그의 조언 때문에 중국어를 배웠어.

chose [쵸우즈] choose의 과거　　**advice** [어드바이스] 조언

우리말만 보고 영어로 **자동발사** 해 보세요.

🎧 MP3를 들으며 자동발사가 되는지 확인해 보세요.

나는 … 때문에 ~했어   I ~ because of …

웃으면 안 되는데,
나는 그 때문에 웃었어.

📢 I laughed because of him.

내키진 않았지만
나는 진아 때문에 동의했어.

휴가 반납하려다가
나는 친구들 때문에 그 계획을 바꿨어.

무엇보다도
나는 그 가격 때문에 그걸 골랐어.

자신은 없었지만
나는 그의 조언 때문에 중국어를 배웠어.

영어 문장을 **따라하며 에코잉** 해 보세요.

🎧 MP3를 들으며 메아리처럼 에코잉 해 보세요.

She ~ because of …   그녀는 … 때문에 ~했어

😐 진지한 분위기였는데, '그녀는 그 때문에 웃었어.'
She laughed **because of** him.
> 그녀는 그 때문에 웃었어.

🙂 한참을 생각하더니 '그녀는 진아 때문에 동의했어.'
She agreed **because of** 진아.
> 그녀는 진아 때문에 동의했어.

🙂 집에서 쉬려다 '그녀는 친구들 때문에 그 계획을 바꿨어.'
She changed the plan **because of** friends.
> 그녀는 친구들 때문에 그 계획을 바꿨어.

🙂 정말 저렴해서 '그녀는 그 가격 때문에 그걸 골랐어.'
She chose it **because of** the price.
> 그녀는 그 가격 때문에 그걸 골랐어.

🙂 일본어를 배울까 했지만 '그녀는 그의 조언 때문에 중국어를 배웠어.'
She learned Chinese **because of** his advice.
> 그녀는 그의 조언 때문에 중국어를 배웠어.

chose [쵸우즈] choose의 과거   **advice** [어드바이스] 조언

우리말만 보고 영어로 **자동발사** 해 보세요.

🎧 MP3를 들으며 자동발사가 되는지 확인해 보세요.

그녀는 … 때문에 ~했어   She ~ because of …

진지한 분위기였는데,
그녀는 그 때문에 웃었어.
 She laughed because of him.

한참을 생각하더니
그녀는 진아 때문에 동의했어.

집에서 쉬려다
그녀는 친구들 때문에 그 계획을 바꿨어.

정말 저렴해서
그녀는 그 가격 때문에 그걸 골랐어.

일본어를 배울까 했지만
그녀는 그의 조언 때문에 중국어를 배웠어.

영어 문장을 **따라하며 에코잉** 해 보세요.

 MP3를 들으며 메아리처럼 에코잉 해 보세요.

They ~ because of …   그들은 … 때문에 ~했어

😊 참지 못하고 결국 '그들은 그 때문에 웃었어.'
They laughed **because of** him.
그들은 그 때문에 웃었어.

😐 망설이다 '그들은 진아 때문에 동의했어.'
They agreed **because of** 진아.
그들은 진아 때문에 동의했어.

😊 인도로 여행 가려고 했는데, '그들은 친구들 때문에 그 계획을 바꿨어.'
They changed the plan **because of** friends.
그들은 친구들 때문에 그 계획을 바꿨어.

😊 고민하다가 '그들은 그 가격 때문에 그걸 골랐어.'
They chose it **because of** the price.
그들은 그 가격 때문에 그걸 골랐어.

😊 뭘 배울까 하다가 '그들은 그의 조언 때문에 중국어를 배웠어.'
They learned Chinese **because of** his advice.
그들은 그의 조언 때문에 중국어를 배웠어.

chose [쵸우즈] choose의 과거   **advice** [어드바이스] 조언

자동발사 톡!

우리말만 보고 영어로 **자동발사** 해 보세요.

🎧 MP3를 들으며 자동발사가 되는지 확인해 보세요.

그들은 … 때문에 ~했어   They ~ because of …

참지 못하고 결국
그들은 그 때문에 웃었어.

 They laughed because of him.

망설이다
그들은 진아 때문에 동의했어.

인도로 여행 가려고 했는데,
그들은 친구들 때문에 그 계획을 바꿨어.

고민하다가
그들은 그 가격 때문에 그걸 골랐어.

뭘 배울까 하다가
그들은 그의 조언 때문에 중국어를 배웠어.

일상에서 쓰는 진짜 영어, 쉬운 영어!

8월 9일

 **예지 엄마**
어제 막내가 자기만 못나게 낳았다고 남편한테 막~ 따지는 거야

그때 남편 대답이 기가 막혀서 ㅋㅋㅋ

웃으면 안 되는데,
I laughed because of him.
나는 그 때문에 웃었어.

승준 엄마
남편이 뭐라고 했는데?

 **예지 엄마**
"세포 분열은 니가 했잖아" ㅋㅋㅋㅋㅋㅋ

승준 엄마

 보내기

DAY 19

나는 그 대신 네가 필요할지도 몰라.
I might need you instead of him.　　　나는 … 대신 ~할지도 몰라

오~ 김 대리! 탁구 좀 치는데?
다음 주에 부서 대항 탁구 대회 있는 거 알지?
원래 박 과장이랑 같이 나가려고 했는데 다시 고민해 봐야겠어~

나는 그 대신 네가 필요할지도 몰라.
I might need you instead of him.

이렇게 말해요!

'나는 그 대신 네가 필요할지도 몰라'는 이렇게 말하면 돼요.
　　　　I might need you (나는 네가 필요할지도 몰라) + **instead of** him (그 대신)

instead of는 '… 대신'이라는 의미예요.

· 나는 그 **대신** 네가 필요할지도 몰라.　　　I might need you **instead of** him.

따라하며 톡!

영어 문장을 따라하며 에코잉 해 보세요.

🎧 MP3를 들으며 메아리처럼 에코잉 해 보세요.

I ~ instead of … 　　　나는 … 대신 ~할지도 몰라

> 영어 문장이 실제로 쓰이는 상황을 같이 보면 더 기억하기 쉬워요!

😊 현수가 바쁘면 '나는 현수 대신 민아를 데려올지도 몰라.'
I might bring 민아 instead of 현수.
나는 현수 대신 민아를 데려올지도 몰라.

😊 진호가 윤주보다 친절해서 '나는 그녀 대신 그에게 물어볼지도 몰라.'
I might ask him instead of her.
나는 그녀 대신 그에게 물어볼지도 몰라.

😊 건강을 위해 '나는 피자 대신 샐러드를 먹을지도 몰라.'
I might eat salad instead of pizza.
나는 피자 대신 샐러드를 먹을지도 몰라.

😊 이번 명절에 고향 갈 땐 '나는 버스 대신 기차를 탈지도 몰라.'
I might take a train instead of a bus.
나는 버스 대신 기차를 탈지도 몰라.

😊 마음이 바뀌면 '나는 재킷 대신 코트를 살지도 몰라.'
I might buy a coat instead of a jacket.
나는 재킷 대신 코트를 살지도 몰라.

---

bring [브링] 데려오다　**take a train** [테이크 어 트레인] 기차를 타다

우리말만 보고 **영어로 자동발사** 해 보세요.

🎧 MP3를 들으며 자동발사가 되는지 확인해 보세요.

| 나는 … 대신 ~할지도 몰라 | I ~ instead of … |

현수가 바쁘면
나는 현수 대신 민아를 데려올지도 몰라.
 I might bring 민아 instead of 현수.

진호가 윤주보다 친절해서
나는 그녀 대신 그에게 물어볼지도 몰라.

건강을 위해
나는 피자 대신 샐러드를 먹을지도 몰라.

이번 명절에 고향 갈 땐
나는 버스 대신 기차를 탈지도 몰라.

마음이 바뀌면
나는 재킷 대신 코트를 살지도 몰라.

영어 문장을 **따라하며** 에코잉 해 보세요.

MP3를 들으며 메아리처럼 에코잉 해 보세요.

They ~ instead of …   그들은 … 대신 ~할지도 몰라

😊 민아랑도 친하니까 '그들은 현수 대신 민아를 데려올지도 몰라.'
They might bring 민아 instead of 현수.
그들은 현수 대신 민아를 데려올지도 몰라.

😊 너무 답답하면 '그들은 그녀 대신 그에게 물어볼지도 몰라.'
They might ask him instead of her.
그들은 그녀 대신 그에게 물어볼지도 몰라.

😊 다이어트 중이라 '그들은 피자 대신 샐러드를 먹을지도 몰라.'
They might eat salad instead of pizza.
그들은 피자 대신 샐러드를 먹을지도 몰라.

😊 멀미가 심해서 '그들은 버스 대신 기차를 탈지도 몰라.'
They might take a train instead of a bus.
그들은 버스 대신 기차를 탈지도 몰라.

😊 매장에 가서 보고 '그들은 재킷 대신 코트를 살지도 몰라.'
They might buy a coat instead of a jacket.
그들은 재킷 대신 코트를 살지도 몰라.

bring [브링] 데려오다   take a train [테이크 어 트레인] 기차를 타다

우리말만 보고 영어로 **자동발사** 해 보세요.

🎧 MP3를 들으며 자동발사가 되는지 확인해 보세요.

그들은 … 대신 ~할지도 몰라　　　They ~ instead of …

민아랑도 친하니까
그들은 현수 대신 민아를 데려올지도 몰라.
 They might bring 민아 instead of 현수.

너무 답답하면
그들은 그녀 대신 그에게 물어볼지도 몰라.

다이어트 중이라
그들은 피자 대신 샐러드를 먹을지도 몰라.

멀미가 심해서
그들은 버스 대신 기차를 탈지도 몰라.

매장에 가서 보고
그들은 재킷 대신 코트를 살지도 몰라.

따라하며 톡!

영어 문장을 **따라하며 에코잉** 해 보세요.

MP3를 들으며 메아리처럼 에코잉 해 보세요.

We ~ instead of …   우리는 … 대신 ~할지도 몰라

😊 민아가 오고 싶어 해서 '우리는 현수 대신 민아를 데려올지도 몰라.'
We might bring 민아 instead of 현수.
　　　　　　　　　　우리는 현수 대신 민아를 데려올지도 몰라.

😐 현주는 잘 모를 테니 '우리는 그녀 대신 그에게 물어볼지도 몰라.'
We might ask him instead of her.
　　　　　　　　　　우리는 그녀 대신 그에게 물어볼지도 몰라.

😊 속이 불편할 것 같아서 '우리는 피자 대신 샐러드를 먹을지도 몰라.'
We might eat salad instead of pizza.
　　　　　　　　　　우리는 피자 대신 샐러드를 먹을지도 몰라.

😊 표가 남아 있으면 '우리는 버스 대신 기차를 탈지도 몰라.'
We might take a train instead of a bus.
　　　　　　　　　　우리는 버스 대신 기차를 탈지도 몰라.

😊 같은 가격이라면 '우리는 재킷 대신 코트를 살지도 몰라.'
We might buy a coat instead of a jacket.
　　　　　　　　　　우리는 재킷 대신 코트를 살지도 몰라.

---

bring [브링] 데려오다　　**take a train** [테이크 어 트레인] 기차를 타다

우리말만 보고 영어로 **자동발사** 해 보세요.

🎧 MP3를 들으며 자동발사가 되는지 확인해 보세요.

우리는 … 대신 ~할지도 몰라   We ~ instead of …

민아가 오고 싶어 해서
우리는 현수 대신 민아를 데려올지도 몰라.
 We might bring 민아 instead of 현수.

현주는 잘 모를 테니
우리는 그녀 대신 그에게 물어볼지도 몰라.

속이 불편할 것 같아서
우리는 피자 대신 샐러드를 먹을지도 몰라.

표가 남아 있으면
우리는 버스 대신 기차를 탈지도 몰라.

같은 가격이라면
우리는 재킷 대신 코트를 살지도 몰라.

일상에서 쓰는 진짜 영어, 쉬운 영어!

3월 12일

지은

이번 명절에 고향 갈 땐
I might take a train instead of a bus.
나는 버스 대신 기차를 탈지도 몰라.

 민준
왜?

길 막힐까 봐?

지은

아니~ 기차에는 화장실 있잖아 ㅋㅋㅋㅋㅋㅋ

화장실 가고 싶은 순간 지옥행 버스란 말이야

 민준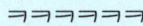
ㅋㅋㅋㅋㅋㅋ

    보내기

DAY 20

나는 내 휴대폰과 열쇠를 잃어버렸어.
I lost my phone and key.

나는 …와 …을 ~했어

어우, 추워…
간만에 칼퇴근 했는데… 이게 뭐야!
아내가 올 때까지는 꼼짝없이 여기서 기다려야 해…
나는 내 휴대폰과 열쇠를 잃어버렸어.
I lost my phone and key.

이렇게 말해요!

'나는 내 휴대폰과 열쇠를 잃어버렸어'는 이렇게 말하면 돼요.
I lost (나는 잃어버렸어) + my phone and key (내 휴대폰과 열쇠)

and는 '…와'라는 의미예요.

- 나는 내 휴대폰**과** 열쇠를 잃어버렸어.   I lost my phone **and** key.

★ and를 사용하여 단어와 단어, 문장과 문장을 연결해서 말할 수 있어요.
   I met 민수 **and** 미리.
   I met 민수 **and** called 미리.
   I met 민수 **and** he called 미리.

따라하며 톡!

영어 문장을 따라하며 에코잉 해 보세요.

🎧 MP3를 들으며 메아리처럼 에코잉 해 보세요.

I ~ … and …　　　　　나는 …와 …을 ~했어

😊 집들이에 '나는 유미와 지나를 초대했어.'
I invited 유미 **and** 지나.
나는 유미와 지나를 초대했어.

> 영어 문장이 실제로 쓰이는 상황을 같이 보면 더 기억하기 쉬워요!

😊 오늘 간식으로 '나는 빵과 쿠키를 구웠어.'
I baked bread **and** cookies.
나는 빵과 쿠키를 구웠어.

😊 친구들이랑 '나는 야구와 축구를 했어.'
I played baseball **and** soccer.
나는 야구와 축구를 했어.

😊 출근하자마자 '나는 내 이메일과 그 보고서를 확인했어.'
I checked my e-mail **and** the report.
나는 내 이메일과 그 보고서를 확인했어.

😊 유인물로 나눠 주려고 '나는 그 기사와 그 그림을 인쇄했어.'
I printed the article **and** the picture.
나는 그 기사와 그 그림을 인쇄했어.

---

invite [인바이트] 초대하다　**bake** [베이크] 굽다　**bread** [브레드] 빵　**article** [아티클] 기사

우리말만 보고 영어로 **자동발사** 해 보세요.

🎧 MP3를 들으며 자동발사가 되는지 확인해 보세요.

나는 …와 …을 ~했어   I ~ … and …

집들이에
나는 유미와 지나를 초대했어.
 I invited 유미 and 지나.

오늘 간식으로
나는 빵과 쿠키를 구웠어.

친구들이랑
나는 야구와 축구를 했어.

출근하자마자
나는 내 이메일과 그 보고서를 확인했어.

유인물로 나눠 주려고
나는 그 기사와 그 그림을 인쇄했어.

영어 문장을 **따라하며 에코잉** 해 보세요.

MP3를 들으며 메아리처럼 에코잉 해 보세요.

I ~ and … 나는 ~했고 …했어

😊 유미는 이따가 온대. '나는 유미를 초대했고 지나를 데려왔어.'
I invited 유미 and brought 지나.
나는 유미를 초대했고 지나를 데려왔어.

😊 친구들이 놀러 온대서 '나는 빵을 구웠고 쿠키를 준비했어.'
I baked bread and prepared cookies.
나는 빵을 구웠고 쿠키를 준비했어.

😊 지난 주말에 '나는 야구를 했고 축구를 봤어.'
I played baseball and watched soccer.
나는 야구를 했고 축구를 봤어.

😊 노트북으로 '나는 내 이메일을 확인했고 그 보고서를 썼어.'
I checked my e-mail and wrote the report.
나는 내 이메일을 확인했고 그 보고서를 썼어.

😊 발표 준비 때문에 '나는 그 기사를 인쇄했고 그 그림을 복사했어.'
I printed the article and copied the picture.
나는 그 기사를 인쇄했고 그 그림을 복사했어.

invite [인바이트] 초대하다   **bake** [베이크] 굽다   **bread** [브레드] 빵   **article** [아티클] 기사

우리말만 보고 영어로 **자동발사** 해 보세요.

🎧 MP3를 들으며 자동발사가 되는지 확인해 보세요.

나는 ~했고 …했어　　　　　　　　　　　I ~ and …

유미는 이따가 온대.
나는 유미를 초대했고 지나를 데려왔어.
 I invited 유미 and brought 지나.

친구들이 놀러 온대서
나는 빵을 구웠고 쿠키를 준비했어.

지난 주말에
나는 야구를 했고 축구를 봤어.

노트북으로
나는 내 이메일을 확인했고 그 보고서를 썼어.

발표 준비 때문에
나는 그 기사를 인쇄했고 그 그림을 복사했어.

영어 문장을 **따라하며 에코잉** 해 보세요.

MP3를 들으며 메아리처럼 에코잉 해 보세요.

I ~ and he …   나는 ~했고 그는 …했어

😊 각자 친구들 중에서 '나는 유미를 초대했고 그는 지나를 데려왔어.'
I invited 유미 and he brought 지나.
나는 유미를 초대했고 그는 지나를 데려왔어.

😊 바자회에서 팔려고 '나는 빵을 구웠고 그는 쿠키를 준비했어.'
I baked bread and he prepared cookies.
나는 빵을 구웠고 그는 쿠키를 준비했어.

😊 하고 싶은 게 달랐거든. '나는 야구를 했고 그는 축구를 봤어.'
I played baseball and he watched soccer.
나는 야구를 했고 그는 축구를 봤어.

😊 카페에 앉아 '나는 내 이메일을 확인했고 그는 그 보고서를 썼어.'
I checked my e-mail and he wrote the report.
나는 내 이메일을 확인했고 그는 그 보고서를 썼어.

😊 역할을 분담해서 '나는 그 기사를 인쇄했고 그는 그 그림을 복사했어.'
I printed the article and he copied the picture.
나는 그 기사를 인쇄했고 그는 그 그림을 복사했어.

invite [인봐이트] 초대하다   **bake** [베이크] 굽다   **bread** [브뤠드] 빵   **article** [아티클] 기사

자동발사 톡!

우리말만 보고 영어로 **자동발사** 해 보세요.

🎧 MP3를 들으며 자동발사가 되는지 확인해 보세요.

나는 ~했고 그는 …했어   I ~ and he …

각자 친구들 중에서
나는 유미를 초대했고 그는 지나를 데려왔어.
 I invited 유미 and he brought 지나.

바자회에서 팔려고
나는 빵을 구웠고 그는 쿠키를 준비했어.

하고 싶은 게 달랐거든.
나는 야구를 했고 그는 축구를 봤어.

카페에 앉아
나는 내 이메일을 확인했고 그는 그 보고서를 썼어.

역할을 분담해서
나는 그 기사를 인쇄했고 그는 그 그림을 복사했어.

일상에서 쓰는 진짜 영어, 쉬운 영어!

2월 7일

 예지 엄마
승준 엄마 내일 바자회 알지?

승준 엄마
안 그래도 나랑 승준이랑 오늘 완전 바빴어 ㅋㅋㅋ

바자회에서 팔려고
I baked bread and he prepared cookies.
나는 빵을 구웠고 그는 쿠키를 준비했어.

 예지 엄마
정말? 지인 할인해주는 거지?

승준 엄마
아휴 왜 이러십니까 고객님~

저희는 저렴하게 팔아서 남는 게 없어요 ㅋㅋㅋ

 예지 엄마

  보내기

DAY 21

나는 초콜릿이나 케이크를 만들 거야.
I'll make chocolate or a cake.

나는 …이나 …을 ~할 거야

조금 있으면 남자친구랑 1주년이네?!
뭔가 특별한 선물을 해주고 싶은데…
아무래도 정성이 담긴 선물이 좋겠지?
나는 초콜릿이나 케이크를 만들 거야.
I'll make chocolate or a cake.

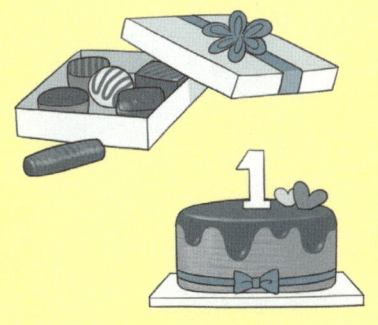

이렇게 말해요!

'나는 초콜릿이나 케이크를 만들 거야'는 이렇게 말하며 돼요.
　　　　I'll make (나는 만들 거야) + chocolate **or** a cake (초콜릿이나 케이크)

or는 '…이나'라는 의미예요.

- 나는 초콜릿**이나** 케이크를 만들 거야.　　I'll make chocolate **or** a cake.

★ or를 사용하여 단어와 단어, 문장과 문장을 연결해서 말할 수 있어요.
　I'll make **chocolate or a cake**.
　I'll **make chocolate or buy a cake**.

따라하며 톡!

영어 문장을 **따라하며 에코잉** 해 보세요.

🎧 MP3를 들으며 메아리처럼 에코잉 해 보세요.

I ~ … or … 　　　　　　　　나는 …이나 …을 ~할 거야

영어 문장이 실제로 쓰이는 상황을 같이 보면 더 기억하기 쉬워요!

😊 도움이 필요하면 '나는 존이나 벤에게 전화할 거야.'
I'll call John or Ben.
나는 존이나 벤에게 전화할 거야.

😊 이번 방학에 '나는 내 가족이나 내 친구들을 방문할 거야.'
I'll visit my family or my friends.
나는 내 가족이나 내 친구들을 방문할 거야.

😊 집에 갈 때 '나는 버스나 택시를 탈 거야.'
I'll take a bus or a taxi.
나는 버스나 택시를 탈 거야.

😊 넌 뭐 먹을래? '나는 피자나 파스타를 주문할 거야.'
I'll order pizza or pasta.
나는 피자나 파스타를 주문할 거야.

😊 도서관에 가서 '나는 책이나 잡지를 빌릴 거야.'
I'll borrow a book or a magazine.
나는 책이나 잡지를 빌릴 거야.

take a bus [테이크 어 버스] 버스를 타다　　**magazine** [매거진] 잡지

자동발사 톡!

우리말만 보고 영어로 **자동발사** 해 보세요.

🎧 MP3를 들으며 자동발사가 되는지 확인해 보세요.

| 나는 …이나 …을 ~할 거야 | I ~ … or … |

도움이 필요하면
나는 존이나 벤에게 전화할 거야.
📣 I'll call John or Ben.

이번 방학에
나는 내 가족이나 내 친구들을 방문할 거야.
📣

집에 갈 때
나는 버스나 택시를 탈 거야.
📣

넌 뭐 먹을래?
나는 피자나 파스타를 주문할 거야.
📣

도서관에 가서
나는 책이나 잡지를 빌릴 거야.
📣

따라하며 톡!

영어 문장을 **따라하며 에코잉** 해 보세요.

🎧 MP3를 들으며 메아리처럼 에코잉 해 보세요.

I ~ or … 　　　　　　　　　　　나는 ~하거나 …할 거야

😊 궁금한 게 생기면 '나는 존에게 전화하거나 벤에게 물어볼 거야.'

I'll call John `or` ask Ben.

　　　　　　　　　　　　나는 존에게 전화하거나 벤에게 물어볼 거야.

😊 올해 명절에 '나는 내 가족을 방문하거나 내 친구들을 만날 거야.'

I'll visit my family `or` meet my friends.

　　　　　　　　　　　　나는 내 가족을 방문하거나 내 친구들을 만날 거야.

😊 지하철에서 내려서 '나는 버스를 타거나 택시를 잡을 거야.'

I'll take a bus `or` catch a taxi.

　　　　　　　　　　　　나는 버스를 타거나 택시를 잡을 거야.

😟 밥 먹기 싫어. '나는 피자를 주문하거나 파스타를 만들 거야.'

I'll order pizza `or` make pasta.

　　　　　　　　　　　　나는 피자를 주문하거나 파스타를 만들 거야.

😊 가는 길에 심심하지 않게 '나는 책을 빌리거나 잡지를 살 거야.'

I'll borrow a book `or` buy a magazine.

　　　　　　　　　　　　나는 책을 빌리거나 잡지를 살 거야.

take a bus [테이크 어 버스] 버스를 타다　　**catch** [캐취] 잡다　　**magazine** [매거진] 잡지

우리말만 보고 영어로 **자동발사** 해 보세요.

🎧 MP3를 들으며 자동발사가 되는지 확인해 보세요.

나는 ~하거나 …할 거야　　　　　　　　　　　I ~ or …

궁금한 게 생기면
나는 존에게 전화하거나 벤에게 물어볼 거야.
 I'll call John or ask Ben.

올해 명절에
나는 내 가족을 방문하거나 내 친구들을 만날 거야.

지하철에서 내려서
나는 버스를 타거나 택시를 잡을 거야.

밥 먹기 싫어.
나는 피자를 주문하거나 파스타를 만들 거야.

가는 길에 심심하지 않게
나는 책을 빌리거나 잡지를 살 거야.

일상에서 쓰는 진짜 영어, 쉬운 영어!

9월 25일

현우
> 으 배고파...

> 너 도착했으면 먼저 들어가서 주문해

 민준
> 넌 뭐 먹을래?
> I'll order pizza or pasta.
> 나는 피자나 파스타를 주문할 거야.

현우
> 나도

 민준
> 너도 뭐? 둘 중에 어떤 거?

현우
> 피자랑 파스타 둘 다...

   보내기

DAY 22

나는 택시를 탔지만 늦었어.
I took a taxi, but I was late.

나는 ~했지만 …했어

나 우리 팀장님한테 완전 혼났잖아…
또 어제 늦잠을 자 버렸지 뭐야.
어떻게든 지각은 안 하려고
나는 택시를 탔지만 늦었어.
I took a taxi, but I was late.

기사님 더 빨리! 더 빨리!

이렇게 말해요!

'나는 택시를 탔지만 늦었어'는 이렇게 말하면 돼요.
　　　　　I took a taxi (나는 택시를 탔어) + **but** I was late (하지만 나는 늦었어)

but은 '하지만'이라는 의미예요.

· 나는 택시를 탔**지만** 늦었어.　　　　I took a taxi, **but** I was late.

영어 문장을 따라하며 에코잉 해 보세요.

MP3를 들으며 메아리처럼 에코잉 해 보세요.

I ~, but I …   나는 ~했지만 …했어

빙판길에서 '나는 넘어졌지만 괜찮았어.'

I fell, **but** I was okay.

나는 넘어졌지만 괜찮았어.

여행 갔다 와서 '나는 쉬었지만 피곤했어.'

I took a rest, **but** I was tired.

나는 쉬었지만 피곤했어.

이상하게도 '나는 저녁을 먹었지만 배고팠어.'

I ate dinner, **but** I was hungry.

나는 저녁을 먹었지만 배고팠어.

너무 짜게 먹었는지 '나는 물을 마셨지만 목말랐어.'

I drank water, **but** I was thirsty.

나는 물을 마셨지만 목말랐어.

밀린 일이 많아서 '나는 그 일을 끝냈지만 바빴어.'

I finished the work, **but** I was busy.

나는 그 일을 끝냈지만 바빴어.

fell [펠] fall의 과거   took [투크] take의 과거   drank [드뤵크] drink의 과거   thirsty [썰스티] 목마른

우리말만 보고 영어로 **자동발사** 해 보세요.

🎧 MP3를 들으며 자동발사가 되는지 확인해 보세요.

나는 ~했지만 …했어 　　　　　　　　I ~, but I …

빙판길에서
나는 넘어졌지만 괜찮았어.

📣 I fell, but I was okay.

여행 갔다 와서
나는 쉬었지만 피곤했어.

📣

이상하게도
나는 저녁을 먹었지만 배고팠어.

📣

너무 짜게 먹었는지
나는 물을 마셨지만 목말랐어.

📣

밀린 일이 많아서
나는 그 일을 끝냈지만 바빴어.

📣

영어 문장을 **따라하며** 에코잉 해 보세요.

He ~, but he ...
그는 ~했지만 …했어

😟 실수로 '그는 넘어졌지만 괜찮았어.'
He fell, **but** he was okay.
그는 넘어졌지만 괜찮았어.

😐 피로가 쌓였는지 '그는 쉬었지만 피곤했어.'
He took a rest, **but** he was tired.
그는 쉬었지만 피곤했어.

🙂 집에 와서 '그는 저녁을 먹었지만 배고팠어.'
He ate dinner, **but** he was hungry.
그는 저녁을 먹었지만 배고팠어.

🙂 일어나자마자 '그는 물을 마셨지만 목말랐어.'
He drank water, **but** he was thirsty.
그는 물을 마셨지만 목말랐어.

😟 엄청난 속도로 '그는 그 일을 끝냈지만 바빴어.'
He finished the work, **but** he was busy.
그는 그 일을 끝냈지만 바빴어.

fell [펠] fall의 과거　**took** [투크] take의 과거　**drank** [드렝크] drink의 과거　**thirsty** [썰스티] 목마른

우리말만 보고 영어로 **자동발사** 해 보세요.

MP3를 들으며 자동발사가 되는지 확인해 보세요.

그는 ~했지만 …했어　　　　　　　　　　　He ~, but he …

실수로
그는 넘어졌지만 괜찮았어.
 He fell, but he was okay.

피로가 쌓였는지
그는 쉬었지만 피곤했어.

집에 와서
그는 저녁을 먹었지만 배고팠어.

일어나자마자
그는 물을 마셨지만 목말랐어.

엄청난 속도로
그는 그 일을 끝냈지만 바빴어.

영어 문장을 **따라하며** 에코잉 해 보세요.

🎧 MP3를 들으며 메아리처럼 에코잉 해 보세요.

We ~, but we …   우리는 ~했지만 …했어

☺ 뛰다가 '우리는 넘어졌지만 괜찮았어.'
We fell, **but** we were okay.
우리는 넘어졌지만 괜찮았어.

☹ 얼마나 무리했는지 '우리는 쉬었지만 피곤했어.'
We took a rest, **but** we were tired.
우리는 쉬었지만 피곤했어.

☺ 평소와 같이 '우리는 저녁을 먹었지만 배고팠어.'
We ate dinner, **but** we were hungry.
우리는 저녁을 먹었지만 배고팠어.

☹ 땀을 얼마나 많이 흘렸는지 '우리는 물을 마셨지만 목말랐어.'
We drank water, **but** we were thirsty.
우리는 물을 마셨지만 목말랐어.

☹ 예정보다 더 일찍 '우리는 그 일을 끝냈지만 바빴어.'
We finished the work, **but** we were busy.
우리는 그 일을 끝냈지만 바빴어.

fell [펠] fall의 과거   **took** [투크] take의 과거   **drank** [드뢩크] drink의 과거   **thirsty** [썰스티] 목마른

자동발사 톡!

우리말만 보고 영어로 **자동발사** 해 보세요.

🎧 MP3를 들으며 자동발사가 되는지 확인해 보세요.

우리는 ~했지만 …했어   We ~, but we …

뛰다가
우리는 넘어졌지만 괜찮았어.
 We fell, but we were okay.

얼마나 무리했는지
우리는 쉬었지만 피곤했어.

평소와 같이
우리는 저녁을 먹었지만 배고팠어.

땀을 얼마나 많이 흘렸는지
우리는 물을 마셨지만 목말랐어.

예정보다 더 일찍
우리는 그 일을 끝냈지만 바빴어.

일상에서 쓰는 진짜 영어, 쉬운 영어!

11월 7일

 민준
야 이 치사한 놈아!

현우
왜 그래?

 민준
내가 아까 휴지 가지고 화장실로 와달라고 부탁했는데
어떻게 안 올 수가 있어 ㅜㅜ

현우
음...
I understood that but I couldn't help it.
나는 그걸 이해했지만 나도 어쩔 수가 없었어.

나도 아까 휴지 없이 화장실에 있었거든

 민준

  보내기

DAY 23

나는 그 시험을 통과해서 행복했어.
I passed the test, so I was happy.

나는 ~해서 …했어

> 나 드디어 운전면허 시험 합격했어!
> 이게 10번째 시험이었는데
> 떨어질까 봐 얼마나 조마조마했는지 몰라~
> 나는 그 시험을 통과해서 행복했어.
> **I passed the test, so I was happy.**

이렇게 말해요!

'나는 그 시험을 통과해서 행복했어'는 이렇게 말하면 돼요.
　　　I passed the test (나는 그 시험을 통과했어) + so I was happy (그래서 나는 행복했어)

so는 '그래서'라는 의미예요.

・나는 그 시험을 통과**해서** 기뻤어.　　　I passed the test, **so** I was happy.

영어 문장을 **따라하며 에코잉** 해 보세요.

🎧 MP3를 들으며 메아리처럼 에코잉 해 보세요.

I ~, so I ···   나는 ~해서 ···했어

😊 운 좋게 '나는 이겨서 기뻤어.'

I won, **so** I was glad.

나는 이겨서 기뻤어.

😊 체력을 기르려고 '나는 운동해서 건강했어.'

I exercised, **so** I was healthy.

나는 운동해서 건강했어.

😊 날씨가 추웠지만 '나는 부츠를 신어서 따뜻했어.'

I wore boots, **so** I was warm.

나는 부츠를 신어서 따뜻했어.

☹ 7시에 타야 했는데, '나는 그 버스를 놓쳐서 늦었어.'

I missed the bus, **so** I was late.

나는 그 버스를 놓쳐서 늦었어.

☹ 그 남자가 인사했는데, '나는 그의 이름을 잊어서 미안했어.'

I forgot his name, **so** I was sorry.

나는 그의 이름을 잊어서 미안했어.

wore [워] wear의 과거   **boots** [부츠] 부츠   **warm** [웜] 따뜻한   **miss** [미쓰] 놓치다

자동발사 톡!

우리말만 보고 영어로 **자동발사** 해 보세요.

🎧 MP3를 들으며 자동발사가 되는지 확인해 보세요.

나는 ~해서 …했어   I ~, so I …

운 좋게
나는 이겨서 기뻤어.
📣 I won, so I was glad.

체력을 기르려고
나는 운동해서 건강했어.
📣

날씨가 추웠지만
나는 부츠를 신어서 따뜻했어.
📣

7시에 타야 했는데,
나는 그 버스를 놓쳐서 늦었어.
📣

그 남자가 인사했는데,
나는 그의 이름을 잊어서 미안했어.
📣

영어 문장을 **따라하며 에코잉** 해 보세요.

MP3를 들으며 메아리처럼 에코잉 해 보세요.

She ~, so she …
그녀는 ~해서 …했어

😐 가위바위보에서 '그녀는 이겨서 기뻤어.'
She won, **so** she was glad.
그녀는 이겨서 기뻤어.

🙂 작년까지만 해도 '그녀는 운동해서 건강했어.'
She exercised, **so** she was healthy.
그녀는 운동해서 건강했어.

🙂 눈이 왔지만 '그녀는 부츠를 신어서 따뜻했어.'
She wore boots, **so** she was warm.
그녀는 부츠를 신어서 따뜻했어.

😐 전속력으로 뛰었는데도 '그녀는 그 버스를 놓쳐서 늦었어.'
She missed the bus, **so** she was late.
그녀는 그 버스를 놓쳐서 늦었어.

☹ 명함도 받았는데, '그녀는 그의 이름을 잊어서 미안했어.'
She forgot his name, **so** she was sorry.
그녀는 그의 이름을 잊어서 미안했어.

wore [워] wear의 과거   **boots** [부츠] 부츠   **warm** [웜] 따뜻한   **miss** [미쓰] 놓치다

자동발사 톡!

우리말만 보고 영어로 **자동발사** 해 보세요.

🎧 MP3를 들으며 자동발사가 되는지 확인해 보세요.

그녀는 ~해서 …했어　　　　She ~, so she …

가위바위보에서
그녀는 이겨서 기뻤어.
 She won, so she was glad.

작년까지만 해도
그녀는 운동해서 건강했어.

눈이 왔지만
그녀는 부츠를 신어서 따뜻했어.

전속력으로 뛰었는데도
그녀는 그 버스를 놓쳐서 늦었어.

명함도 받았는데,
그녀는 그의 이름을 잊어서 미안했어.

영어 문장을 따라하며 에코잉 해 보세요.

MP3를 들으며 메아리처럼 에코잉 해 보세요.

They ~, so they …
그들은 ~해서 …했어

😊 많이 기대 안 했는데, '그들은 이겨서 기뻤어.'
They won, so they were glad.
그들은 이겨서 기뻤어.

😊 젊었을 때 '그들은 운동해서 건강했어.'
They exercised, so they were healthy.
그들은 운동해서 건강했어.

😊 난 발이 시렸는데, '그들은 부츠를 신어서 따뜻했어.'
They wore boots, so they were warm.
그들은 부츠를 신어서 따뜻했어.

😐 수다 떨다가 '그들은 그 버스를 놓쳐서 늦었어.'
They missed the bus, so they were late.
그들은 그 버스를 놓쳐서 늦었어.

☹ 두 번이나 듣고도 '그들은 그의 이름을 잊어서 미안했어.'
They forgot his name, so they were sorry.
그들은 그의 이름을 잊어서 미안했어.

wore [워] wear의 과거 **boots** [부츠] 부츠 **warm** [웜] 따뜻한 **miss** [미쓰] 놓치다

자동발사 톡!

우리말만 보고 영어로 **자동발사** 해 보세요.

🎧 MP3를 들으며 자동발사가 되는지 확인해 보세요.

그들은 ~해서 …했어 → **They ~, so they …**

많이 기대 안 했는데,
그들은 이겨서 기뻤어.
 They won, so they were glad.

젊었을 때
그들은 운동해서 건강했어.

난 발이 시렸는데,
그들은 부츠를 신어서 따뜻했어.

수다 떨다가
그들은 그 버스를 놓쳐서 늦었어.

두 번이나 듣고도
그들은 그의 이름을 잊어서 미안했어.

일상에서 쓰는 진짜 영어, 쉬운 영어!

9월 4일

 은주
오늘 학교 갈 때 나 진짜 운 좋았어!

7시에 타야 했는데,
I missed the bus, so I was late.
나는 그 버스를 놓쳐서 늦었어.

재영
운이 좋았다고 하지 않았어?

 은주
응 ㅋㅋㅋ 선생님도 늦으셨거든 ㅋㅋㅋㅋ

그래서 지각 안 했어!

재영
오 ㅋㅋㅋㅋㅋ

 보내기

DAY 24

나는 화가 났기 때문에 그 문을 잠갔어.
I locked the door because I was angry. 　나는 …했기 때문에 ~했어

내 남편 왜 저렇게 콜록거리냐고?
어제 밤새 밖에 있었으니 그럴 수밖에~
글쎄, 어제 또 술 먹고 밤늦게 들어온 거야!
나는 화가 났기 때문에 그 문을 잠갔어.
I locked the door because I was angry.

이렇게 말해요!

'나는 화가 났기 때문에 그 문을 잠갔어'는 이렇게 말하면 돼요.
I locked the door (나는 그 문을 잠갔어) + because I was angry (나는 화가 났기 때문에)
because는 '…하기 때문에'라는 의미예요.

· 나는 화가 났기 **때문에** 그 문을 잠갔어.　I locked the door **because** I was angry.

따라하며 톡!

영어 문장을 따라하며 에코잉 해 보세요.

🎧 MP3를 들으며 메아리처럼 에코잉 해 보세요.

I ~, because I …   나는 …했기 때문에 ~했어

😊 아까 오후에 '나는 피곤했기 때문에 잤어.'   영어 문장이 실제로 쓰이는 상황을 같이 보면 더 기억하기 쉬워요.

I slept **because** I was tired.

나는 피곤했기 때문에 잤어.

😊 집에 오자마자 '나는 배고팠기 때문에 요리했어.'

I cooked **because** I was hungry.

나는 배고팠기 때문에 요리했어.

😊 친하지도 않았는데, '나는 궁금했기 때문에 그에게 물어봤어.'

I asked him **because** I was curious.

나는 궁금했기 때문에 그에게 물어봤어.

😊 실력은 비슷했지만, '나는 운이 좋았기 때문에 그 경기를 이겼어.'

I won the game **because** I was lucky.

나는 운이 좋았기 때문에 그 경기를 이겼어.

😊 일이 다 끝나고 '나는 한가했기 때문에 영화를 봤어.'

I watched a movie **because** I was free.

나는 한가했기 때문에 영화를 봤어.

slept [슬렙트] sleep의 과거   **tired** [타이어드] 피곤한   **curious** [큐뤼어쓰] 궁금한

자동발사 톡!

우리말만 보고 영어로 **자동발사** 해 보세요.

🎧 MP3를 들으며 자동발사가 되는지 확인해 보세요.

> 나는 …했기 때문에 ~했어   **I ~, because I …**

아까 오후에
나는 피곤했기 때문에 잤어.
📢 I slept because I was tired.

집에 오자마자
나는 배고팠기 때문에 요리했어.

친하지도 않았는데,
나는 궁금했기 때문에 그에게 물어봤어.

실력은 비슷했지만,
나는 운이 좋았기 때문에 그 경기를 이겼어.

일이 다 끝나고
나는 한가했기 때문에 영화를 봤어.

영어 문장을 따라하며 에코잉 해 보세요.

🎧 MP3를 들으며 메아리처럼 에코잉 해 보세요.

She ~, because she ···
그녀는 ···했기 때문에 ~했어

😊 아팠던 건 아니야. '그녀는 피곤했기 때문에 잤어.'

She slept **because** she was tired.

그녀는 피곤했기 때문에 잤어.

😊 귀찮긴 했지만 '그녀는 배고팠기 때문에 요리했어.'

She cooked **because** she was hungry.

그녀는 배고팠기 때문에 요리했어.

😊 실례인 줄 알면서도 '그녀는 궁금했기 때문에 그에게 물어봤어.'

She asked him **because** she was curious.

그녀는 궁금했기 때문에 그에게 물어봤어.

😊 아슬아슬했는데, '그녀는 운이 좋았기 때문에 그 경기를 이겼어.'

She won the game **because** she was lucky.

그녀는 운이 좋았기 때문에 그 경기를 이겼어.

😊 어제 저녁에 '그녀는 한가했기 때문에 영화를 봤어.'

She watched a movie **because** she was free.

그녀는 한가했기 때문에 영화를 봤어.

slept [슬렙트] sleep의 과거   **tired** [타이어드] 피곤한   **curious** [큐뤼어쓰] 궁금한

우리말만 보고 영어로 **자동발사** 해 보세요.

🎧 MP3를 들으며 자동발사가 되는지 확인해 보세요.

그녀는 …했기 때문에 ~했어   She ~, because she …

아팠던 건 아니야.
그녀는 피곤했기 때문에 잤어.

 She slept because she was tired.

귀찮긴 했지만
그녀는 배고팠기 때문에 요리했어.

실례인 줄 알면서도
그녀는 궁금했기 때문에 그에게 물어봤어.

아슬아슬했는데,
그녀는 운이 좋았기 때문에 그 경기를 이겼어.

어제 저녁에
그녀는 한가했기 때문에 영화를 봤어.

따라하며 톡!

영어 문장을 **따라하며 에코잉** 해 보세요.

🎧 MP3를 들으며 메아리처럼 에코잉 해 보세요.

We ~, because we …   우리는 …했기 때문에 ~했어

😊 작업이 끝나고 '우리는 피곤했기 때문에 잤어.'
We slept **because** we were tired.
우리는 피곤했기 때문에 잤어.

😊 늦은 시간이었지만 '우리는 배고팠기 때문에 요리했어.'
We cooked **because** we were hungry.
우리는 배고팠기 때문에 요리했어.

😊 원인이 먼지 '우리는 궁금했기 때문에 그에게 물어봤어.'
We asked him **because** we were curious.
우리는 궁금했기 때문에 그에게 물어봤어.

😊 질 뻔했지만 '우리는 운이 좋았기 때문에 그 경기를 이겼어.'
We won the game **because** we were lucky.
우리는 운이 좋았기 때문에 그 경기를 이겼어.

😊 공짜 표도 생겼겠다, '우리는 한가했기 때문에 영화를 봤어.'
We watched a movie **because** we were free.
우리는 한가했기 때문에 영화를 봤어.

---

slept [슬렙트] sleep의 과거   **tired** [타이어드] 피곤한   **curious** [큐뤼어쓰] 궁금한

우리말만 보고 영어로 **자동발사** 해 보세요.

🎧 MP3를 들으며 자동발사가 되는지 확인해 보세요.

우리는 …했기 때문에 ~했어   We ~, because we …

작업이 끝나고
우리는 피곤했기 때문에 잤어.
 We slept because we were tired.

늦은 시간이었지만
우리는 배고팠기 때문에 요리했어.

원인이 뭔지
우리는 궁금했기 때문에 그에게 물어봤어.

질 뻔했지만
우리는 운이 좋았기 때문에 그 경기를 이겼어.

공짜 표도 생겼겠다,
우리는 한가했기 때문에 영화를 봤어.

일상에서 쓰는 진짜 영어, 쉬운 영어!

4월 14일

현수

여친이 이벤트 당첨돼서 공포 영화 표 받았거든

공짜 표도 생겼겠다
We watched a movie because we were free.
우리는 한가했기 때문에 영화를 봤어.

 민준

너 공포 영화 못 보잖아?!

괜찮았어?

현수

아니... 보는 내내 소리 질렀어...

여친이 다신 같이 안 보겠대 ㅠㅠ

 민준

보내기

DAY 25

나는 요리하기 전에 내 손을 씻어.
I wash my hands before I cook.

나는 …하기 전에 ~해

이렇게 말해요!

'나는 요리하기 전에 내 손을 씻어'는 이렇게 말하면 돼요.

　　　　　I wash my hands (나는 내 손을 씻어) + before I cook (내가 요리하기 전에)

before는 '…하기 전에'라는 의미예요.

- 나는 요리**하기 전에** 내 손을 씻어.　　I wash my hands **before** I cook.

따라하며 톡!

영어 문장을 **따라하며** 에코잉 해 보세요.

 MP3를 들으며 메아리처럼 에코잉 해 보세요.

I ~ before …   나는 …하기 전에 ~해

🙂 시간을 아끼려고 '나는 공부하기 전에 계획을 세워.'
I make a plan **before** I study.
나는 공부하기 전에 계획을 세워.

> 영어 문장이 실제로 쓰이는 상황을 같이 보면 더 기억하기 쉬워요!

🙂 혹시 방해될까 봐 '나는 전화하기 전에 메시지를 보내.'
I send a message **before** I call.
나는 전화하기 전에 메시지를 보내.

🙂 매일 밤 '나는 자기 전에 이를 닦아.'
I brush my teeth **before** I sleep.
나는 자기 전에 이를 닦아.

🙂 아무리 놀고 싶어도 '나는 TV를 보기 전에 내 일을 끝내.'
I finish my work **before** I watch TV.
나는 TV를 보기 전에 내 일을 끝내.

🙂 건강에 좋대서 '나는 아침을 먹기 전에 물을 마셔.'
I drink water **before** I have breakfast.
나는 아침을 먹기 전에 물을 마셔.

brush teeth [브뤄쉬 티쓰] 이를 닦다   breakfast [브뤡퍼스트] 아침, 아침 식사

자동발사 톡!

우리말만 보고 영어로 **자동발사** 해 보세요.

🎧 MP3를 들으며 자동발사가 되는지 확인해 보세요.

나는 …하기 전에 ~해   I ~ before …

시간을 아끼려고
나는 공부하기 전에 계획을 세워.
📣 I make a plan before I study.

혹시 방해될까 봐
나는 전화하기 전에 메시지를 보내.

매일 밤
나는 자기 전에 이를 닦아.

아무리 놀고 싶어도
나는 TV를 보기 전에 내 일을 끝내.

건강에 좋대서
나는 아침을 먹기 전에 물을 마셔.

영어 문장을 따라하며 에코잉 해 보세요.

MP3를 들으며 메아리처럼 에코잉 해 보세요.

We ~ before …   우리는 …하기 전에 ~해

😐 못 지킬 때도 있지만 '우리는 공부하기 전에 계획을 세워.'
We make a plan before we study.
우리는 공부하기 전에 계획을 세워.

🙂 늦은 시간에는 '우리는 전화하기 전에 메시지를 보내.'
We send a message before we call.
우리는 전화하기 전에 메시지를 보내.

🙂 충치가 생기지 않게 '우리는 자기 전에 이를 닦아.'
We brush our teeth before we sleep.
우리는 자기 전에 이를 닦아.

🙂 마음 편히 쉬려고 '우리는 TV를 보기 전에 우리의 일을 끝내.'
We finish our work before we watch TV.
우리는 TV를 보기 전에 우리의 일을 끝내.

🙂 습관적으로 '우리는 아침을 먹기 전에 물을 마셔.'
We drink water before we have breakfast.
우리는 아침을 먹기 전에 물을 마셔.

brush teeth [브러쉬 티쓰] 이를 닦다   **breakfast** [브렉퍼스트] 아침, 아침 식사

자동발사 톡!

우리말만 보고 영어로 **자동발사** 해 보세요.

🎧 MP3를 들으며 자동발사가 되는지 확인해 보세요.

우리는 …하기 전에 ~해   We ~ before …

못 지킬 때도 있지만
우리는 공부하기 전에 계획을 세워.
 We make a plan before we study.

늦은 시간에는
우리는 전화하기 전에 메시지를 보내.

충치가 생기지 않게
우리는 자기 전에 이를 닦아.

마음 편히 쉬려고
우리는 TV를 보기 전에 우리의 일을 끝내.

습관적으로
우리는 아침을 먹기 전에 물을 마셔.

따라하며 톡!

영어 문장을 **따라하며** 에코잉 해 보세요.

🎧 MP3를 들으며 메아리처럼 에코잉 해 보세요.

He ~ before …   그는 …하기 전에 ~해

😊 자기 나름대로 '그는 공부하기 전에 계획을 세워.'
He makes a plan before he studies.
그는 공부하기 전에 계획을 세워.

😊 상대방이 바쁠지도 모르니 '그는 전화하기 전에 메시지를 보내.'
He sends a message before he calls.
그는 전화하기 전에 메시지를 보내.

😊 하루도 빼먹지 않고 '그는 자기 전에 이를 닦아.'
He brushes his teeth before he sleeps.
그는 자기 전에 이를 닦아.

😊 미루는 법이 없어. '그는 TV를 보기 전에 그의 일을 끝내.'
He finishes his work before he watches TV.
그는 TV를 보기 전에 그의 일을 끝내.

😊 일어나자마자 '그는 아침을 먹기 전에 물을 마셔.'
He drinks water before he has breakfast.
그는 아침을 먹기 전에 물을 마셔.

brush teeth [브러쉬 티쓰] 이를 닦다   **breakfast** [브렉퍼스트] 아침, 아침 식사

자동발사 톡!

우리말만 보고 영어로 **자동발사** 해 보세요.

🎧 MP3를 들으며 자동발사가 되는지 확인해 보세요.

그는 …하기 전에 ~해   He ~ before …

자기 나름대로
그는 공부하기 전에 계획을 세워.
 He makes a plan before he studies.

상대방이 바쁠지도 모르니
그는 전화하기 전에 메시지를 보내.

하루도 빼먹지 않고
그는 자기 전에 이를 닦아.

미루는 법이 없어.
그는 TV를 보기 전에 그의 일을 끝내.

일어나자마자
그는 아침을 먹기 전에 물을 마셔.

일상에서 쓰는 진짜 영어, 쉬운 영어!

4월 23일

승준 엄마
예지 엄마, 우리 승준이 걱정이야

 예지 엄마
왜 그래? 말해 봐

승준 엄마
자기 나름대로
He makes a plan before he studies.
그는 공부하기 전에 계획을 세워.

 예지 엄마
좋은 습관이네! 그게 왜 걱정이야?

승준 엄마
30분 공부할 때마다 1시간씩 휴식이거든...

 예지 엄마

 　　　　　　　　　　　　　　　보내기

DAY 26

나는 졸업한 후에 직업을 얻었어.
I got a job after I graduated.   나는 …한 후에 ~했어

악어야~ 이빨 닦자~
역시 나는 운이 좋은 편이야!
요새 다들 취업하기 어렵다고 하는데
나는 졸업한 후에 직업을 얻었어.
I got a job after I graduated.

이렇게 말해요!

'나는 졸업한 후에 직업을 얻었어'는 이렇게 말하면 돼요.
　　　　　　I got a job (나는 직업을 얻었어) + after I graduated (내가 졸업한 후에)

after는 '…한 후에'라는 의미예요.

· 나는 졸업**한 후에** 직업을 얻었어.　　　I got a job **after** I graduated.

따라하며 톡!

영어 문장을 따라하며 에코잉 해 보세요.

🎧 MP3를 들으며 메아리처럼 에코잉 해 보세요.

I ~ after I … 　　　　　나는 …한 후에 ~했어

😄 너무 재밌어서 '나는 그 얘기를 들은 후에 웃었어.'

I laughed after I heard the story.

나는 그 얘기를 들은 후에 웃었어.

😄 기차역에 우선 '나는 도착한 후에 표를 샀어.'

I bought tickets after I arrived.

나는 도착한 후에 표를 샀어.

😄 땀이 많이 나서 '나는 운동한 후에 샤워를 했어.'

I took a shower after I exercised.

나는 운동한 후에 샤워를 했어.

😄 피곤했어도 '나는 집에 온 후에 엄마를 도왔어.'

I helped mom after I came home.

나는 집에 온 후에 엄마를 도왔어.

😄 귀찮지만 미루지 않고 '나는 점심을 먹은 후에 설거지를 했어.'

I washed the dishes after I ate lunch.

나는 점심을 먹은 후에 설거지를 했어.

---

bought [바트] buy의 과거　　**arrive** [어라이브] 도착하다

자동발사 톡!

우리말만 보고 영어로 **자동발사** 해 보세요.

> MP3를 들으며 자동발사가 되는지 확인해 보세요.

나는 …한 후에 ~했어   I ~ after I …

너무 재밌어서
나는 그 얘기를 들은 후에 웃었어.
 I laughed after I heard the story.

기차역에 우선
나는 도착한 후에 표를 샀어.

땀이 많이 나서
나는 운동한 후에 샤워를 했어.

피곤했어도
나는 집에 온 후에 엄마를 도왔어.

귀찮지만 미루지 않고
나는 점심을 먹은 후에 설거지를 했어.

영어 문장을 **따라하며** 에코잉 해 보세요.

🎧 MP3를 들으며 메아리처럼 에코잉 해 보세요.

They ~ after they …
그들은 …한 후에 ~했어

☺ 난 별로 안 웃기던데, '그들은 그 얘기를 들은 후에 웃었어.'
They laughed after they heard the story.
그들은 그 얘기를 들은 후에 웃었어.

☹ 공연장에 무작정 왔나 봐. '그들은 도착한 후에 표를 샀어.'
They bought tickets after they arrived.
그들은 도착한 후에 표를 샀어.

☺ 헬스장에서 '그들은 운동한 후에 샤워를 했어.'
They took a shower after they exercised.
그들은 운동한 후에 샤워를 했어.

☺ 기특하게도 '그들은 집에 온 후에 엄마를 도왔어.'
They helped mom after they came home.
그들은 집에 온 후에 엄마를 도왔어.

☺ 바로 나가야 해서 '그들은 점심을 먹은 후에 설거지를 했어.'
They washed the dishes after they ate lunch.
그들은 점심을 먹은 후에 설거지를 했어.

bought [바트] buy의 과거   **arrive** [어라이브] 도착하다

자동발사 톡!

우리말만 보고 영어로 **자동발사** 해 보세요.

🎧 MP3를 들으며 자동발사가 되는지 확인해 보세요.

그들은 …한 후에 ~했어   They ~ after they …

난 별로 안 웃기던데,
그들은 그 얘기를 들은 후에 웃었어.
 They laughed after they heard the story.

공연장에 무작정 왔나 봐.
그들은 도착한 후에 표를 샀어.

헬스장에서
그들은 운동한 후에 샤워를 했어.

기특하게도
그들은 집에 온 후에 엄마를 도왔어.

바로 나가야 해서
그들은 점심을 먹은 후에 설거지를 했어.

영어 문장을 **따라하며** 에코잉 해 보세요.

MP3를 들으며 메아리처럼 에코잉 해 보세요.

유나 ~ after she … 　　　유나는 …한 후에 ~했어

😊 처음엔 무표정이더니 '유나는 그 얘기를 들은 후에 웃었어.'
유나 laughed **after** she heard the story.
　　　　　　　　　　　　　유나는 그 얘기를 들은 후에 웃었어.

☹️ 예매를 못 해서 '유나는 도착한 후에 표를 샀어.'
유나 bought tickets **after** she arrived.
　　　　　　　　　　　　　유나는 도착한 후에 표를 샀어.

😊 아까 9시쯤 '유나는 운동한 후에 샤워를 했어.'
유나 took a shower **after** she exercised.
　　　　　　　　　　　　　유나는 운동한 후에 샤워를 했어.

😊 퇴근을 일찍 해서 '유나는 집에 온 후에 엄마를 도왔어.'
유나 helped mom **after** she came home.
　　　　　　　　　　　　　유나는 집에 온 후에 엄마를 도왔어.

😊 나중엔 더 하기 싫을 게 뻔해서 '유나는 점심을 먹은 후에 설거지를 했어.'
유나 washed the dishes **after** she ate lunch.
　　　　　　　　　　　　　유나는 점심을 먹은 후에 설거지를 했어.

bought [바트] buy의 과거　　**arrive** [어라이브] 도착하다

우리말만 보고 영어로 **자동발사** 해 보세요.

🎧 MP3를 들으며 자동발사가 되는지 확인해 보세요.

유나는 …한 후에 ~했어   유나 ~ after she …

처음엔 무표정이더니
유나는 그 얘기를 들은 후에 웃었어.
 유나 laughed after she heard the story.

예매를 못 해서
유나는 도착한 후에 표를 샀어.

아까 9시쯤
유나는 운동한 후에 샤워를 했어.

퇴근을 일찍 해서
유나는 집에 온 후에 엄마를 도왔어.

나중엔 더 하기 싫을 게 뻔해서
유나는 점심을 먹은 후에 설거지를 했어.

일상에서 쓰는 진짜 영어, 쉬운 영어!

10월 7일

 민경
으~ 어제 엄마랑 김장했더니 허리 아프다

상현
나도 어제

피곤했어도
I helped mom after I came home.
나는 집에 온 후에 엄마를 도왔어.

 민경
너도 김장했어?

상현
아니, 우리 집은 김치 사 먹어서 ㅋㅋㅋ

인터넷으로 주문하는 거 도와드렸어

보내기

DAY 27

네가 그걸 말했을 때 나는 너를 믿었어.
I believed you when you said it. ⋯했을 때 나는 ~했어

이렇게 말해요!

'네가 그걸 말했을 때 나는 너를 믿었어'는 이렇게 말하면 돼요.
　　　　　I believed you (나는 너를 믿었어) + when you said it (네가 그걸 말했을 때)
when은 '⋯했을 때'라는 의미예요.

· 네가 그걸 **말했을 때** 나는 너를 믿었어.　　I believed you **when** you said it.

영어 문장을 **따라하며 에코잉** 해 보세요.

 MP3를 들으며 메아리처럼 에코잉 해 보세요.

I ~ when he …

그가 …했을 때 나는 ~했어

😊 수업 시간에 '그가 그걸 설명했을 때 나는 이해했어.'

I understood when he explained it.

그가 그걸 설명했을 때 나는 이해했어.

😊 너무 기발해서 '그가 그 아이디어를 제안했을 때 나는 동의했어.'

I agreed when he suggested the idea.

그가 그 아이디어를 제안했을 때 나는 동의했어.

😊 미리 시키면 식을까 봐 '그가 왔을 때 나는 음식을 주문했어.'

I ordered food when he came.

그가 왔을 때 나는 음식을 주문했어.

😊 잘 나왔지? '그가 웃었을 때 나는 사진을 찍었어.'

I took a picture when he smiled.

그가 웃었을 때 나는 사진을 찍었어.

😐 생각보다 빨리 왔어. '그가 도착했을 때 나는 그 문을 열었어.'

I opened the door when he arrived.

그가 도착했을 때 나는 그 문을 열었어.

understood [언더스투드] understand의 과거   suggest [써제스트] 제안하다

우리말만 보고 영어로 **자동발사** 해 보세요.

🎧 MP3를 들으며 자동발사가 되는지 확인해 보세요.

그가 …했을 때 나는 ~했어   I ~ when he …

수업 시간에
그가 그걸 설명했을 때 나는 이해했어.
 I understood when he explained it.

너무 기발해서
그가 그 아이디어를 제안했을 때 나는 동의했어.

미리 시키면 식을까 봐
그가 왔을 때 나는 음식을 주문했어.

잘 나왔지?
그가 웃었을 때 나는 사진을 찍었어.

생각보다 빨리 왔어.
그가 도착했을 때 나는 그 문을 열었어.

영어 문장을 따라하며 에코잉 해 보세요.

🎧 MP3를 들으며 메아리처럼 에코잉 해 보세요.

She ~ when he ···
그가 ···했을 때 그녀는 ~했어

☺ 두세 번 정도 '그가 그걸 설명했을 때 그녀는 이해했어.'
She understood when he explained it.
그가 그걸 설명했을 때 그녀는 이해했어.

☺ 오늘 회의에서 '그가 그 아이디어를 제안했을 때 그녀는 동의했어.'
She agreed when he suggested the idea.
그가 그 아이디어를 제안했을 때 그녀는 동의했어.

☺ 남편이 배고프대서 '그가 왔을 때 그녀는 음식을 주문했어.'
She ordered food when he came.
그가 왔을 때 그녀는 음식을 주문했어.

☺ 겨우 건진 거래. '그가 웃었을 때 그녀는 사진을 찍었어.'
She took a picture when he smiled.
그가 웃었을 때 그녀는 사진을 찍었어.

☹ 열쇠를 잃어버렸대서 '그가 도착했을 때 그녀는 그 문을 열었어.'
She opened the door when he arrived.
그가 도착했을 때 그녀는 그 문을 열었어.

understood [언더스투드] understand의 과거   **suggest** [써제스트] 제안하다

우리말만 보고 영어로 **자동발사** 해 보세요.

MP3를 들으며 자동발사가 되는지 확인해 보세요.

그가 …했을 때 그녀는 ~했어   She ~ when he …

두세 번 정도
그가 그걸 설명했을 때 그녀는 이해했어.
 She understood when he explained it.

오늘 회의에서
그가 그 아이디어를 제안했을 때 그녀는 동의했어.

남편이 배고프대서
그가 왔을 때 그녀는 음식을 주문했어.

겨우 건진 거래.
그가 웃었을 때 그녀는 사진을 찍었어.

열쇠를 잃어버렸대서
그가 도착했을 때 그녀는 그 문을 열었어.

영어 문장을 **따라하며 에코잉** 해 보세요.

MP3를 들으며 메아리처럼 에코잉 해 보세요.

We ~ when he …
그가 …했을 때 우리는 ~했어

😊 어려운 문제였는데, '그가 그걸 설명했을 때 우리는 이해했어.'

We understood **when** he explained it.

그가 그걸 설명했을 때 우리는 이해했어.

😊 몇몇은 반대했지만 '그가 그 아이디어를 제안했을 때 우리는 동의했어.'

We agreed **when** he suggested the idea.

그가 그 아이디어를 제안했을 때 우리는 동의했어.

😊 우리끼리 수다 떨다가 '그가 왔을 때 우리는 음식을 주문했어.'

We ordered food **when** he came.

그가 왔을 때 우리는 음식을 주문했어.

😊 타이밍을 잘 맞춰서 '그가 웃었을 때 우리는 사진을 찍었어.'

We took a picture **when** he smiled.

그가 웃었을 때 우리는 사진을 찍었어.

😊 아빠를 기다리다가 '그가 도착했을 때 우리는 그 문을 열었어.'

We opened the door **when** he arrived.

그가 도착했을 때 우리는 그 문을 열었어.

understood [언더스투드] understand의 과거   suggest [써제스트] 제안하다

자동발사 톡!

우리말만 보고 영어로 **자동발사** 해 보세요.

🎧 MP3를 들으며 자동발사가 되는지 확인해 보세요.

그가 …했을 때 우리는 ~했어   We ~ when he …

어려운 문제였는데,
그가 그걸 설명했을 때 우리는 이해했어.
 We understood when he explained it.

몇몇은 반대했지만
그가 그 아이디어를 제안했을 때 우리는 동의했어.

우리끼리 수다 떨다가
그가 왔을 때 우리는 음식을 주문했어.

타이밍을 잘 맞춰서
그가 웃었을 때 우리는 사진을 찍었어.

아빠를 기다리다가
그가 도착했을 때 우리는 그 문을 열었어.

일상에서 쓰는 진짜 영어, 쉬운 영어!

5월 9일

 엄마
재은아, 할머니께 문자 보내는 법 알려드렸어?

문자 주셨더라 ㅋㅋㅋ

재은
재우가 가르쳐드렸어 ㅋㅋㅋ

두세 번 정도
She understood when he explained it.
그가 그걸 설명했을 때 그녀는 이해했어.

 엄마
대단하신데?!

재은
근데 문자 하나 보내시려면 1시간 정도 걸려 ㅋ

 보내기

DAY 28

네가 생각하고 있는 동안 나는 결정했어.
I decided while you were thinking.   네가 …하고 있는 동안 나는 ~했어

아직도 결정 못 한 거야?
아무튼 우유부단한 건 알아줘야 한다니깐~
이제 고민은 그만하고 누나만 따라와!
**네가 생각하고 있는 동안 나는 결정했어.
I decided while you were thinking.**

30년 전통
선지 해장국

이렇게 말해요!

'네가 생각하고 있는 동안 나는 결정했어'는 이렇게 말하면 돼요.
　　　　　I decided (나는 결정했어) + while you were thinking (네가 생각하고 있는 동안)

while은 '…하는 동안'이라는 의미예요.

· 네가 생각하고 있**는 동안** 나는 결정했어.　I decided **while** you were thinking.

영어 문장을 따라하며 에코잉 해 보세요.

🎧 MP3를 들으며 메아리처럼 에코잉 해 보세요.

I ~ while you …
네가 …하고 있는 동안 나는 ~했어

> 영어 문장이 실제로 쓰이는 상황을 같이 보면 더 기억하기 쉬워요!

😊 재미있었어? '네가 축구를 하고 있는 동안 나는 공부했어.'
I studied while you were playing soccer.
네가 축구를 하고 있는 동안 나는 공부했어.

😊 부엌에 있어서 몰랐구나. '네가 저녁을 준비하고 있는 동안 나는 도착했어.'
I arrived while you were preparing dinner.
네가 저녁을 준비하고 있는 동안 나는 도착했어.

😊 생각난 김에 '네가 자고 있는 동안 나는 그녀에게 전화했어.'
I called her while you were sleeping.
네가 자고 있는 동안 나는 그녀에게 전화했어.

😊 방해하기 싫어서 '네가 네 일을 하고 있는 동안 나는 영화를 봤어.'
I watched a movie while you were doing your work.
네가 네 일을 하고 있는 동안 나는 영화를 봤어.

😊 가만히 있기 미안해서 '네가 설거지하고 있는 동안 나는 그 방을 청소했어.'
I cleaned the room while you were washing the dishes.
네가 설거지하고 있는 동안 나는 그 방을 청소했어.

wash the dishes [워쉬 더 디쉬즈] 설거지하다

우리말만 보고 영어로 **자동발사** 해 보세요.

🎧 MP3를 들으며 자동발사가 되는지 확인해 보세요.

네가 …하고 있는 동안 나는 ~했어   I ~ while you …

재미있었어?
네가 축구를 하고 있는 동안 나는 공부했어.
 I studied while you were playing soccer.

부엌에 있어서 몰랐구나.
네가 저녁을 준비하고 있는 동안 나는 도착했어.

생각난 김에
네가 자고 있는 동안 나는 그녀에게 전화했어.

방해하기 싫어서
네가 네 일을 하고 있는 동안 나는 영화를 봤어.

가만히 있기 미안해서
네가 설거지하고 있는 동안 나는 그 방을 청소했어.

영어 문장을 **따라하며** 에코잉 해 보세요.

MP3를 들으며 메아리처럼 에코잉 해 보세요.

He ~ while you ···   네가 ···하고 있는 동안 그는 ~했어

☺ 수업이 끝나고 '네가 축구를 하고 있는 동안 그는 공부했어.'

He studied **while** you were playing soccer.

네가 축구를 하고 있는 동안 그는 공부했어.

☺ 차가 안 막혀서 '네가 저녁을 준비하고 있는 동안 그는 도착했어.'

He arrived **while** you were preparing dinner.

네가 저녁을 준비하고 있는 동안 그는 도착했어.

☺ 아까 '네가 자고 있는 동안 그는 그녀에게 전화했어.'

He called her **while** you were sleeping.

네가 자고 있는 동안 그는 그녀에게 전화했어.

☺ 혼자도 잘 놀던데? '네가 네 일을 하고 있는 동안 그는 영화를 봤어.'

He watched a movie **while** you were doing your work.

네가 네 일을 하고 있는 동안 그는 영화를 봤어.

☺ 자기도 돕고 싶었는지 '네가 설거지하고 있는 동안 그는 그 방을 청소했어.'

He cleaned the room **while** you were washing the dishes.

네가 설거지하고 있는 동안 그는 그 방을 청소했어.

wash the dishes [워쉬 더 디쉬즈] 설거지하다

자동발사 톡!

우리말만 보고 영어로 **자동발사** 해 보세요.

🎧 MP3를 들으며 자동발사가 되는지 확인해 보세요.

| 네가 …하고 있는 동안 그는 ~했어 | **He ~ while you …** |

수업이 끝나고
네가 축구를 하고 있는 동안 그는 공부했어.
📢 He studied while you were playing soccer.

차가 안 막혀서
네가 저녁을 준비하고 있는 동안 그는 도착했어.
📢

아까
네가 자고 있는 동안 그는 그녀에게 전화했어.
📢

혼자도 잘 놀던데?
네가 네 일을 하고 있는 동안 그는 영화를 봤어.
📢

자기도 돕고 싶었는지
네가 설거지하고 있는 동안 그는 그 방을 청소했어.
📢

영어 문장을 따라하며 에코잉 해 보세요.

MP3를 들으며 메아리처럼 에코잉 해 보세요.

They ~ while you … 네가 …하고 있는 동안 그들은 ~했어

😊 쉬는 시간에 '네가 축구를 하고 있는 동안 그들은 공부했어.'

They studied while you were playing soccer.

네가 축구를 하고 있는 동안 그들은 공부했어.

😊 온 지 얼마 안 됐어. '네가 저녁을 준비하고 있는 동안 그들은 도착했어.'

They arrived while you were preparing dinner.

네가 저녁을 준비하고 있는 동안 그들은 도착했어.

😊 엄마가 데리러 오실 거야. '네가 자고 있는 동안 그들은 그녀에게 전화했어.'

They called her while you were sleeping.

네가 자고 있는 동안 그들은 그녀에게 전화했어.

😊 심심하지 않았을걸? '네가 네 일을 하고 있는 동안 그들은 영화를 봤어.'

They watched a movie while you were doing your work.

네가 네 일을 하고 있는 동안 그들은 영화를 봤어.

😊 식사 후에 '네가 설거지하고 있는 동안 그들은 그 방을 청소했어.'

They cleaned the room while you were washing the dishes.

네가 설거지하고 있는 동안 그들은 그 방을 청소했어.

wash the dishes [워쉬 더 디쉬즈] 설거지하다

자동발사 톡!

우리말만 보고 영어로 **자동발사** 해 보세요.

🎧 MP3를 들으며 자동발사가 되는지 확인해 보세요.

네가 …하고 있는 동안 그들은 ~했어 They ~ while you …

쉬는 시간에
네가 축구를 하고 있는 동안 그들은 공부했어.
 They studied while you were playing soccer.

온 지 얼마 안 됐어.
네가 저녁을 준비하고 있는 동안 그들은 도착했어.

엄마가 데리러 오실 거야.
네가 자고 있는 동안 그들은 그녀에게 전화했어.

심심하지 않았을걸?
네가 네 일을 하고 있는 동안 그들은 영화를 봤어.

식사 후에
네가 설거지하고 있는 동안 그들은 그 방을 청소했어.

일상에서 쓰는 진짜 영어, 쉬운 영어!

1월 1일

 재훈
자기, 내가 회사에서 연락 안 해서 화났어? 전화는 왜 안 받아 ㅠㅠ

하은
화 안 났어

방해하기 싫어서
I watched a movie while you were doing your work.
네가 네 일을 하고 있는 동안 나는 영화를 봤어.

제목이 〈바람 피기 좋은 날〉이야

 재훈
자기 ㅠㅠ 내가 더 잘할게 ㅠㅠ

하은

보내기

DAY 29

네가 그 질문에 대답한다면 나는 멈출 거야.
I'll stop if you answer the question. 네가 …한다면 나는 ~할 거야

그러니깐 빨리 말해~
딱 한 번만 빌려 신고 돌려준다니까?!
그때 새로 산 구두 어디 있는데~
네가 그 질문에 대답한다면 나는 멈출 거야.
I'll stop if you answer the question.

이렇게 말해요!

'네가 그 질문에 대답한다면 나는 멈출 거야'는 이렇게 말하면 돼요.
　　　I'll stop (나는 멈출 거야) + **if you answer the question** (네가 그 질문에 대답한다면)
if는 '…한다면'이라는 의미예요.

· 네가 그 질문에 대답**한다면** 나는 멈출 거야.　**I'll stop if you answer the question.**

따라하며 톡!

영어 문장을 따라하며 에코잉 해 보세요.

🎧 MP3를 들으며 메아리처럼 에코잉 해 보세요.

I ~ if you … 　　　　네가 …한다면 나는 ~할 거야

😊 귀찮더라도. '네가 아침 식사를 원한다면 나는 요리할 거야.'
　　　　　　　　　　　　　　　　　　영어 문장이 실제로 쓰이는 상황을
　　　　　　　　　　　　　　　　　　같이 보면 더 기억하기 쉬워요!

I'll cook if you want breakfast.

　　　　　　　　　　　네가 아침 식사를 원한다면 나는 요리할 거야.

😢 너무 아쉬워. '네가 떠난다면 나는 너를 그리워할 거야.'

I'll miss you if you leave.

　　　　　　　　　　　네가 떠난다면 나는 너를 그리워할 거야.

😊 비밀이긴 한데, '네가 물어본다면 나는 그 사실을 말할 거야.'

I'll tell the truth if you ask.

　　　　　　　　　　　네가 물어본다면 나는 그 사실을 말할 거야.

😊 영화 보러 갈래? '네가 온다면 나는 표를 살 거야.'

I'll buy tickets if you come.

　　　　　　　　　　　네가 온다면 나는 표를 살 거야.

😊 네 생각은 어때? '네가 동의한다면 나는 그 프로젝트를 시작할 거야.'

I'll start the project if you agree.

　　　　　　　　　　　네가 동의한다면 나는 그 프로젝트를 시작할 거야.

miss [미쓰] 그리워하다　　**leave** [리브] 떠나다　　**truth** [트루쓰] 사실　　**agree** [어그뤼] 동의하다

우리말만 보고 영어로 **자동발사** 해 보세요.

MP3를 들으며 자동발사가 되는지 확인해 보세요.

네가 …한다면 나는 ~할 거야   I ~ if you …

귀찮더라도
네가 아침 식사를 원한다면 나는 요리할 거야.
 I'll cook if you want breakfast.

너무 아쉬워.
네가 떠난다면 나는 너를 그리워할 거야.

비밀이긴 한데,
네가 물어본다면 나는 그 사실을 말할 거야.

영화 보러 갈래?
네가 온다면 나는 표를 살 거야.

네 생각은 어때?
네가 동의한다면 나는 그 프로젝트를 시작할 거야.

영어 문장을 **따라하며** 에코잉 해 보세요.

MP3를 들으며 메아리처럼 에코잉 해 보세요.

She ~ if you …   네가 …한다면 그녀는 ~할 거야

☺ 모처럼 집에 왔으니. '네가 아침 식사를 원한다면 그녀는 요리할 거야.'
She'll cook if you want breakfast.
네가 아침 식사를 원한다면 그녀는 요리할 거야.

☹ 친구인데 당연하지. '네가 떠난다면 그녀는 너를 그리워할 거야.'
She'll miss you if you leave.
네가 떠난다면 그녀는 너를 그리워할 거야.

☺ 솔직한 사람이니까 '네가 물어본다면 그녀는 그 사실을 말할 거야.'
She'll tell the truth if you ask.
네가 물어본다면 그녀는 그 사실을 말할 거야.

☺ 이따가 꼭 와. '네가 온다면 그녀는 표를 살 거야.'
She'll buy tickets if you come.
네가 온다면 그녀는 표를 살 거야.

☺ 너만 결정하면 된다. '네가 동의한다면 그녀는 그 프로젝트를 시작할 거야.'
She'll start the project if you agree.
네가 동의한다면 그녀는 그 프로젝트를 시작할 거야.

miss [미쓰] 그리워하다   leave [리브] 떠나다   truth [트루쓰] 사실   agree [어그뤼] 동의하다

자동발사 톡!

우리말만 보고 영어로 **자동발사** 해 보세요.

🎧 MP3를 들으며 자동발사가 되는지 확인해 보세요.

네가 …한다면 그녀는 ~할 거야 — She ~ if you …

모처럼 집에 왔으니
네가 아침 식사를 원한다면 그녀는 요리할 거야.
 She'll cook if you want breakfast.

친구인데 당연하지.
네가 떠난다면 그녀는 너를 그리워할 거야.

솔직한 사람이니까
네가 물어본다면 그녀는 그 사실을 말할 거야.

이따가 꼭 와.
네가 온다면 그녀는 표를 살 거야.

너만 결정하면 된대.
네가 동의한다면 그녀는 그 프로젝트를 시작할 거야.

따라하며 톡!

영어 문장을 **따라하며 에코잉** 해 보세요.

 MP3를 들으며 메아리처럼 에코잉 해 보세요.

They ~ if you … 　　　네가 …한다면 그들은 ~할 거야

☺ 서툴겠지만 '네가 아침 식사를 원한다면 그들은 요리할 거야.'
They'll cook if you want breakfast.
　　　　　　　　　　네가 아침 식사를 원한다면 그들은 요리할 거야.

😐 아닌 척해도 '네가 떠난다면 그들은 너를 그리워할 거야.'
They'll miss you if you leave.
　　　　　　　　　네가 떠난다면 그들은 너를 그리워할 거야.

☺ 다른 사람은 몰라도 '네가 물어본다면 그들은 그 사실을 말할 거야.'
They'll tell the truth if you ask.
　　　　　　　　　　네가 물어본다면 그들은 그 사실을 말할 거야.

☺ 비용은 걱정 마. '네가 온다면 그들은 표를 살 거야.'
They'll buy tickets if you come.
　　　　　　　　　네가 온다면 그들은 표를 살 거야.

☺ 다른 건 준비됐대. '네가 동의한다면 그들은 그 프로젝트를 시작할 거야.'
They'll start the project if you agree.
　　　　　　　　　네가 동의한다면 그들은 그 프로젝트를 시작할 거야.

miss [미쓰] 그리워하다　　leave [리브] 떠나다　　truth [트루쓰] 사실　　agree [어그뤼] 동의하다

자동발사 톡!

우리말만 보고 영어로 **자동발사** 해 보세요.

🎧 MP3를 들으며 자동발사가 되는지 확인해 보세요.

네가 …한다면 그들은 ~할 거야   They ~ if you …

서툴겠지만
네가 아침 식사를 원한다면 그들은 요리할 거야.
 They'll cook if you want breakfast.

아닌 척해도
네가 떠난다면 그들은 너를 그리워할 거야.

다른 사람은 몰라도
네가 물어본다면 그들은 그 사실을 말할 거야.

비용은 걱정 마.
네가 온다면 그들은 표를 살 거야.

다른 건 준비됐대.
네가 동의한다면 그들은 그 프로젝트를 시작할 거야.

일상에서 쓰는 진짜 영어, 쉬운 영어!

10월 26일

 상현
> 흐엉 ㅠㅠ

> 너무 아쉬워
> **I'll miss you if you leave.**
> 네가 떠난다면 나는 너를 그리워할 거야.

재훈
> 야, 결혼해도 바로 옆 동네에서 살 건데 뭐가 아쉬워~

 상현
> 결혼하면 이제 새벽까지 못 놀잖아 ㅠㅠ

재훈
> 어휴 ㅋㅋㅋㅋㅋㅋㅋㅋ

   보내기

DAY 30

나는 두려웠어도 그 동네를 떠났어.
I left the town **although** I was afraid.

나는 …했어도 ~했어

> 시골 촌 동네에서만 자라서
> 도시로 떠난다는 게 너무 무서웠지.
> 그래도 영화배우로 꼭 성공하고 싶은 마음에
> **나는 두려웠어도 그 동네를 떠났어.**
> **I left the town although I was afraid.**

이렇게 말해요!

'나는 두려웠어도 그 동네를 떠났어'는 I left the town (나는 그 동네를 떠났어) + **although** I was afraid (내가 두려웠어도)

although는 '…했어도'라는 의미예요.

· 나는 두려**웠어도** 그 동네를 떠났어.　　I left the town **although** I was afraid.

영어 문장을 따라하며 에코잉 해 보세요.

🎧 MP3를 들으며 메아리처럼 에코잉 해 보세요.

I ~ although I …   나는 …했어도 ~했어

😊 퇴근 후 '나는 피곤했어도 운동했어.'
영어 문장이 실제로 쓰이는 상황을 같이 보면 더 기억하기 쉬워요!

I exercised **although** I was tired.

나는 피곤했어도 운동했어.

😊 분위기를 살리려고 '나는 지루했어도 웃었어.'

I laughed **although** I was bored.

나는 지루했어도 웃었어.

😊 꼭 와 달라고 해서 '나는 바빴어도 그를 방문했어.'

I visited him **although** I was busy.

나는 바빴어도 그를 방문했어.

😊 맛있어 보여서 '나는 배불렀어도 그 케이크를 먹었어.'

I ate the cake **although** I was full.

나는 배불렀어도 그 케이크를 먹었어.

😊 마감일이 내일이라 '나는 아팠어도 그 일을 끝냈어.'

I finished the work **although** I was sick.

나는 아팠어도 그 일을 끝냈어.

laugh [래프] 웃다   bored [보얼드] 지루한   ate [에이트] eat의 과거   full [풀] 배부른

우리말만 보고 영어로 **자동발사** 해 보세요.

🎧 MP3를 들으며 자동발사가 되는지 확인해 보세요.

나는 …했어도 ~했어   I ~ although I …

퇴근 후
나는 피곤했어도 운동했어.
 I exercised although I was tired.

분위기를 살리려고
나는 지루했어도 웃었어.

꼭 와 달라고 해서
나는 바빴어도 그를 방문했어.

맛있어 보여서
나는 배불렀어도 그 케이크를 먹었어.

마감일이 내일이라
나는 아팠어도 그 일을 끝냈어.

따라하며 톡!

영어 문장을 **따라하며 에코잉** 해 보세요.

🎧 MP3를 들으며 메아리처럼 에코잉 해 보세요.

She ~ although she ···
그녀는 ···했어도 ~했어

😊 살을 빼고 싶어서 '그녀는 피곤했어도 운동했어.'

She exercised **although** she was tired.

그녀는 피곤했어도 운동했어.

😊 상대방이 민망할까 봐 '그녀는 지루했어도 웃었어.'

She laughed **although** she was bored.

그녀는 지루했어도 웃었어.

😊 워낙 친한 사이라 '그녀는 바빴어도 그를 방문했어.'

She visited him **although** she was busy.

그녀는 바빴어도 그를 방문했어.

😊 직접 만들었다 그래서 '그녀는 배불렀어도 그 케이크를 먹었어.'

She ate the cake **although** she was full.

그녀는 배불렀어도 그 케이크를 먹었어.

😊 정말 대단해. '그녀는 아팠어도 그 일을 끝냈어.'

She finished the work **although** she was sick.

그녀는 아팠어도 그 일을 끝냈어.

---

laugh [래프] 웃다   bored [보얼드] 지루한   ate [에이트] eat의 과거   full [풀] 배부른

우리말만 보고 영어로 **자동발사** 해 보세요.

MP3를 들으며 자동발사가 되는지 확인해 보세요.

그녀는 …했어도 ~했어   **She ~ although she …**

살을 빼고 싶어서
그녀는 피곤했어도 운동했어.

 She exercised although she was tired.

상대방이 민망할까 봐
그녀는 지루했어도 웃었어.

워낙 친한 사이라
그녀는 바빴어도 그를 방문했어.

직접 만들었다 그래서
그녀는 배불렀어도 그 케이크를 먹었어.

정말 대단해.
그녀는 아팠어도 그 일을 끝냈어.

영어 문장을 **따라하며 에코잉** 해 보세요.

🎧 MP3를 들으며 메아리처럼 에코잉 해 보세요.

We ~ although we …   우리는 …했어도 ~했어

😊 독하게 마음을 먹고 '우리는 피곤했어도 운동했어.'

We exercised **although** we were tired.
> 우리는 피곤했어도 운동했어.

😊 어색한 분위기가 싫어서 '우리는 지루했어도 웃었어.'

We laughed **although** we were bored.
> 우리는 지루했어도 웃었어.

😊 친구가 입원했다길래 '우리는 바빴어도 그를 방문했어.'

We visited him **although** we were busy.
> 우리는 바빴어도 그를 방문했어.

😊 남기기 아까워서 '우리는 배불렀어도 그 케이크를 먹었어.'

We ate the cake **although** we were full.
> 우리는 배불렀어도 그 케이크를 먹었어.

😊 사명감 때문에 '우리는 아팠어도 그 일을 끝냈어.'

We finished the work **although** we were sick.
> 우리는 아팠어도 그 일을 끝냈어.

laugh [래프] 웃다   **bored** [보얼드] 지루한   **ate** [에이트] eat의 과거   **full** [풀] 배부른

자동발사 톡!

우리말만 보고 영어로 **자동발사** 해 보세요.

🎧 MP3를 들으며 자동발사가 되는지 확인해 보세요.

| 우리는 …했어도 ~했어 | **We ~ although we …** |

독하게 마음을 먹고
우리는 피곤했어도 운동했어.
 We exercised although we were tired.

어색한 분위기가 싫어서
우리는 지루했어도 웃었어.

친구가 입원했다길래
우리는 바빴어도 그를 방문했어.

남기기 아까워서
우리는 배불렀어도 그 케이크를 먹었어.

사명감 때문에
우리는 아팠어도 그 일을 끝냈어.

일상에서 쓰는 진짜 영어, 쉬운 영어!

1월 6일

상현
야 너 어제 민수랑 당구장 가서 내기했는데 니가 이겼다며 ㅋㅋ

아까 민수가 그러는데 자기가 문과 출신이라서 졌대 ㅋㅋ 이과 나왔으면 각도 잘 재서 이겼을 거라고 ㅋㅋ

서준
나한테도 그 말 했어 ㅋㅋㅋ
I didn't believe it although it made sense

상현
응? ㅋㅋ 센스를 만들었어?
뭔 소리야 ㅋㅋ

서준
아니 말은 됐었어 물론 믿지는 않았지만 ㅎㅎ
I didn't believe it although it made sense.
그게 말은 됐어도 나는 그걸 믿지 않았어.

나도 문과 나왔거든 ㅋㅋㅋ

보내기